縄文時代とは

岡田　康博

縄文時代は今から約1万5千年前に始まり、約2千4百年前に終わる。この間の文化を縄文文化とよんでいる。日本の時代区分では縄文時代より前を旧石器時代、後は弥生時代である。

旧石器時代は寒冷な時代で、マンモスやヘラジカなどを追い求め、狩猟と移動の生活であった。生活の道具は石器や骨器、木器が主であった。

縄文時代は長く続くこともあり、現在は草創期、早期、前期、中期、後期、晩期の6期に小区分されている。縄文の名称の由来だが、E・S・モースにより発掘調査が行われた東京都品川区に所在する大森貝塚の発掘調査報告書の中で、縄目の模様が付いた土器を「cord marked pottery」と表し、その訳を白井光太郎が「縄紋土器」としたことによる。

地球規模での温暖化とともに縄文時代が始まり、海水面が１４０ｍほど上昇し、対馬海峡や日本海ができ、日本列島は大陸から切り離された。さらに縄文時代前半は温暖な環境のもと海水面の上昇が続いた(縄文海進)。日本海側では対馬海流、太平洋側では黒潮が北上する一方、千島海流や親潮が南下し、交差することによって豊かな水産資源に恵まれた。植生も針葉樹林から落葉広葉樹林へと大きく変化し、クリ・クルミ・ミズナラなどの堅果類や山菜など森の恵みを利用できるようになった。この地域では、海進によって海が内陸へ入り込み、入り江や内湾が数多くでき、汽水域も形成された。また、ブナを中心とした生物多様性に富んだ森林が海岸線まで広がり、まさしくそこが人々の生活の中心となった（上図）。

縄文時代になると新しく土器と弓矢が登場した（左図）。特に土器は北東アジアでは最古級のものであり、煮沸や貯蔵を容易にするとともに、利用可能な資源の範囲を拡大することに大きく貢献した。また、生活の拠点である集落が造られ、さらに目的別に土地利用も多様化することとなった。特に墓地の形成は土地との結びつきや執着を示すものである。他に集落内では貯蔵施設や祭祀・儀礼の空間も設置されるようになった。

また、地域を代表する拠点集落も出現するようになり、地域社会の成熟も進み、定住も大きく進展することとなった。

精神文化の発達も顕著であり、大規模な構造物である盛土や環状列石、周堤墓、共同墓地なども造られた。祭祀や儀礼が恒常的に行われ、これらの維持管理や構築が世代を超えて継承されていることはきわめて重要である。

人間を表現した土偶（左図）もこの地域で数多く出土し、祭祀・儀礼に使用された他の道具類も多様であり、複雑な精神文化がすでに形成されていたことは明らかである。

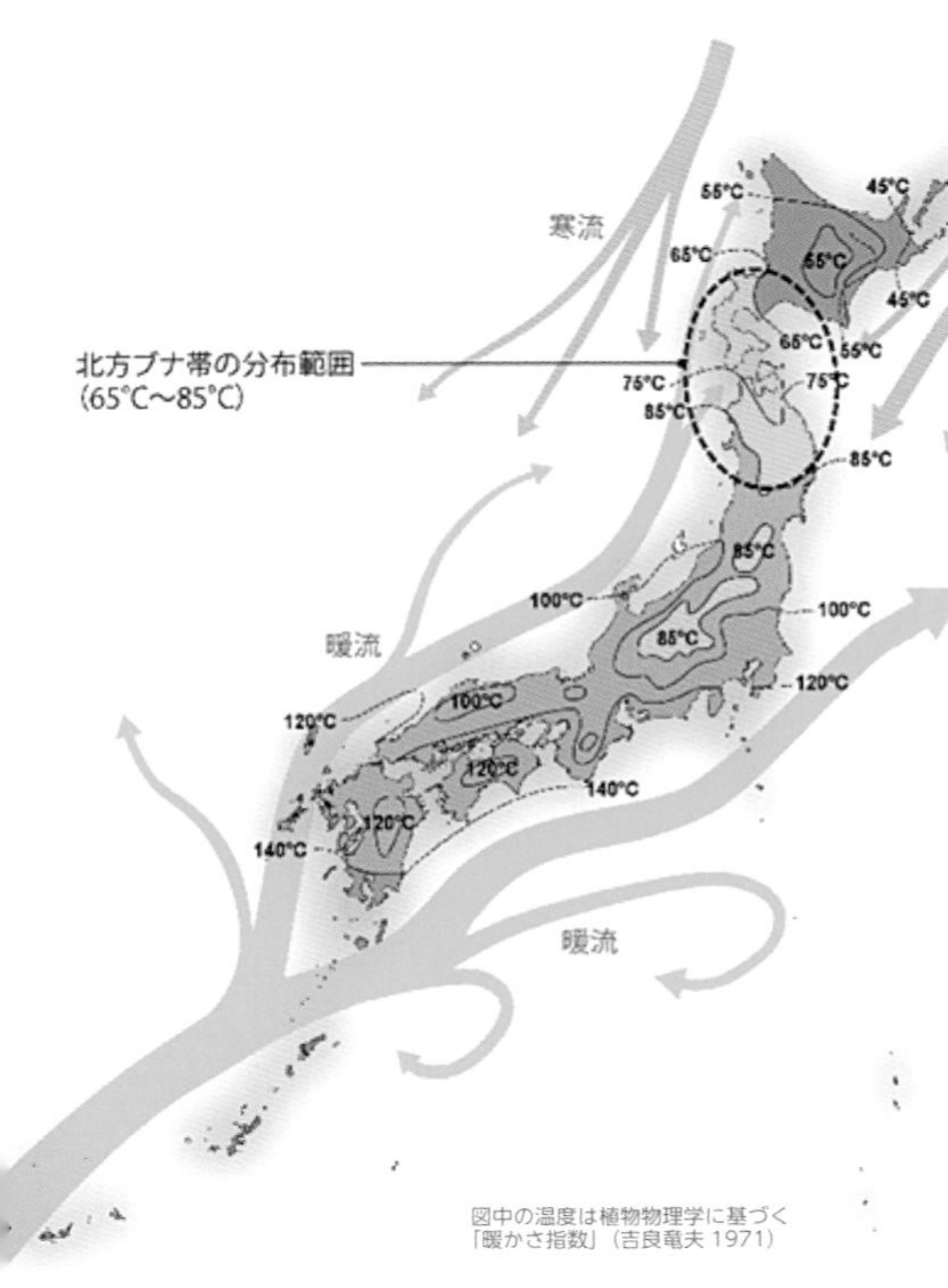

海流とブナ林

大平山元遺跡出土・最古の土器(上)と石鏃(下)

亀ヶ岡遺跡出土・遮光器土偶

	弥生時代	縄文時代 晩期	縄文時代 後期	縄文時代 中期	縄文時代 前期	縄文時代 早期	縄文時代 草創期	旧石器時代
史跡年代	400BCE	1000BCE	1500BCE / 2000BCE	3000BCE	5000BCE	7000BCE / 9000BCE	13000BCE	
ステージ		ステージⅢ　定住の成熟		ステージⅡ　定住の発展		ステージⅠ　定住の開始		
		Ⅲb 祭祀場と墓地の分離	Ⅲa 共同の祭祀場と墓地の進出	Ⅱb 拠点集落の出現	Ⅱa 集落施設の多様化	Ⅰb 集落の成立	Ⅰa 居住地の形成	
主な出来事	・吉野ケ里遺跡が栄える	・亀ヶ岡文化が栄える ・遮光器土偶や土面などの祭祀の道具が多く作られ、装身具類も多様となる	・大規模集落が減少し、拡散化、分散化が進む ・環状列石が出現する	・大規模な拠点集落が発達 ・三内丸山遺跡の集落が最も栄える ・ヒスイや黒曜石等の交易が盛んになる	・円筒土器文化の成立 ・集落の数が増え、地域を代表するような集落が現れる ・三内丸山遺跡に集落ができる ・漆の利用技術の発達	・気候の温暖化が進み、海水面が上昇 ・貝塚が出現する	・土器や石鏃などの使用が始まり、定住化が進み、集落が出現する	・細石器文化が日本列島に広がる
世界の出来事	・秦の中国統一 ・コロッセウム建設	・春秋時代	・ハンムラビ法典ができる ・殷王朝の成立 ・ツタンカーメン王即位	・クフ王のピラミッド建設 ・インダス文明の始まり	・中国文明の始まり ・メソポタミア文明の始まり	・長江下流域で稲作が始まる		・北京原人が活躍 ・ラスコー洞窟の壁画が描かれる

縄文遺跡群

- 大平山元遺跡（13000BCE）
- 垣ノ島遺跡（7000BCE～1000BCE）
- （長七谷地貝塚・6000BCE）
- 北黄金貝塚（5000BCE～3500BCE）
- 田小屋野貝塚（4000BCE～2000BCE）
- 二ツ森貝塚（3500BCE～2000BCE）
- 三内丸山遺跡（3900BCE～2200BCE）
- 大船遺跡（3500BCE～2000BCE）
- 御所野遺跡（2500BCE～2000BCE）
- 入江・高砂貝塚（3500BCE～800BCE）
- （鷲ノ木遺跡・2000BCE）
- 小牧野遺跡（2000BCE）
- 伊勢堂岱遺跡（2000BCE～1700BCE）
- 大湯環状列石（2000BCE～1500BCE）
- キウス周堤墓群（1200BCE）
- 大森勝山遺跡（1000BCE）
- 亀ヶ岡石器時代遺跡（1000BCE～400BCE）
- 是川石器時代遺跡（4000BCE～400BCE）

※矢印は遺跡や集落の存続期間ではなく、その時代の生活の痕跡が断続的に確認されている期間を示している

※ BCE（Before Common Era の略）＝紀元前

三内丸山遺跡全景

青森市街地
道路跡
北の谷
北盛土
子供の墓（埋設土器）
大型掘立柱建物（復元）
大型掘立柱建物跡

三内丸山遺跡の価値

岡田　康博

三内丸山遺跡は青森市の南西部、沖館川左岸の標高約20mの段丘上に立地する。北側には沖館川、南側は八甲田に続く低平な段丘が続く。

遺跡は縄文時代前期中頃から中期末葉（約5900年前～4300年前）にかけて約1700年ほど継続した集落跡である。1992年より県営野球場建設に伴い本格的な発掘調査が始まり、大規模な集落跡であることが判明したために、野球場建設工事を中止し、遺跡は保存されることとなった。1997年に国史跡に、2000年には縄文遺跡としては44年ぶりに国特別史跡に指定された。なお、特別史跡は我が国の歴史と文化の成り立ちを知るうえで重要な史跡の中から、文化財保護法に基づいて指定され、遺跡の国宝ともされる。現在縄文時代の遺跡としては、尖石遺跡（長野県茅野市）、大湯環状列石（秋田県鹿角市）、加曽利貝塚（千葉県千葉市）と三内丸山遺跡の4カ所のみである。

発掘調査は現在も継続して行われており、集落の全体像解明が進められている。遺跡は前期の集落の上層に中期の集落が構築されており、保存の観点から前期の地層まで調査が進められることは少ない。これまでに明らかとなった各時期の集落の様子を紹介する。

中期の集落は段丘全体に広がる。竪穴建物、大型竪穴建物、掘立柱建物、大型掘立柱建物、貯蔵穴、墓地、盛土、道路、粘土採掘穴などから構成される。竪穴建物は一般的な居住施設であり、他の遺跡と比較して小型である。また、大きさがそれぞれ近似している特徴があり、家族単位での居住が基本であったことが推測できる。大型竪穴建物は前期と同様に集落の中央部に構築される。墓域は北の谷の東側中心に作られている。道路沿いに道路の両側に沿うように配置される。長軸が同じ方向を向き、道路と直交するように見える。墓は地面に楕円形の穴を掘った土坑墓であり、大きさから見て、成人用の埋葬施設と考えられる。一方、中期の後半以降と考えられるが、土坑墓の周りに円形に礫を配置した環状配石墓が南北の伸びる道路沿いに配置される。小児用の埋葬施設である埋設土器は前期同様北の谷の西側に密集する。

大型竪穴建物跡（中期）

土坑墓（白線で囲まれた範囲）列（中期）

環状配石墓（中期）

盛土は土砂を意図的に継続したもので、土器・石器の他に土偶や装身具類、小型土器などが多く出土し、祭祀・儀礼と密接な関係があるものとされる。世代を超えて構築されていることは定住の成熟度を示すものとして注目される。掘立柱建物は、集落中央に同じ長軸方向でおそらくは同時に複数棟作られたものと考えられる。集落の北側にはクリの巨木を柱とした大型掘立柱建物が作られる。用途については灯台説、神殿説など諸説あるが定まっていない。貯蔵穴は集落外縁部に配置されているようだ。

前期の集落は中期の集落の下層にあるため詳細な解明は今後の課題である。竪穴建物は台地の北

盛土（中期）

大型掘立柱建物跡（中期）

側に構築され、貯蔵穴は住居近くに構築される傾向がある。沖館川に面した段丘の縁には捨て場が形成されている。明確な盛土は確認されない。墓域は北の谷の東側に小規模なものが確認される。また、南盛土の下層にも土坑墓が認められるが広がりはわからない。小児用埋葬施設の埋設土器は

土器捨て場（前期）

住居域近くに点在する。掘立柱建物は確認されていない。前期の集落の規模は周辺集落に比べて突出するものではなく、拠点集落として大型化が顕著になるのは前期末くらいからで、中期中頃に最大規模となるものの、中期後半には規模が縮小し、後期開始前には集落そのものが確認できない。

集落の変遷と環境変化が密接な関係があることがこれまでの調査研究から明らかとなっている。集落形成前はブナ・ミズナラの林であったものが居住開始しともにクリが急増し、クリ林が大半となっていることから人為的生態系が成立していたものと考えられている。ただ、これらのクリが他地域からの搬入なのか、在地のものの選抜によるものかはわかってはいない。なお、遺伝子解析から栽培管理された可能性が高いと考えられている。集落がなくなると再びブナ林へ回帰したことが判明している。

出土した木材の9割以上がクリ材であったことから集落の内外にクリ林が広がっていたことと種実の採集以外にも建築材や燃料材として利用や消費されていることから資源利用の一端が見えてきた。

また、捨て場からの魚骨の分析によって、通年にわたって各季節の魚種が確認されており、通年での漁労が行われていたことはほぼ確実であり、定住のあり方の様相を考えるうえで重要である。

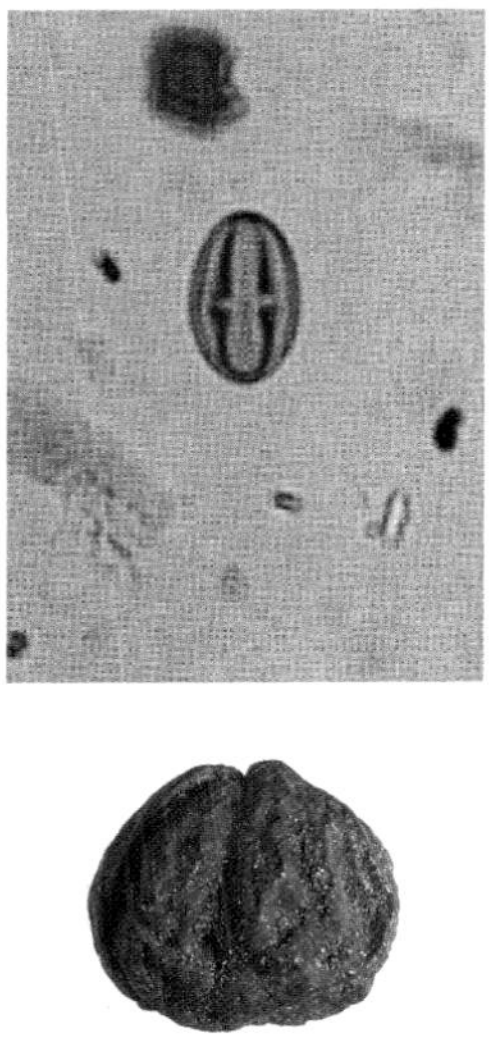

クリ花粉と炭化種実

三内丸山遺跡は集落全体の様子と集落を構成する様々な要素について、実物やレプリカを見学することができ、豊富な出土品から人々の生活の様子や精緻な精神文化に触れることができる。また、発掘調査現場の見学もでき、用意されている多くの体験メニューは縄文時代の技術を知り、縄文時代をより身近に感じることができる。

遺跡の魅力と価値は現地でしか実感できないものであり、縄文人になった気分で遺跡を散策することを是非ともお勧めしたい。

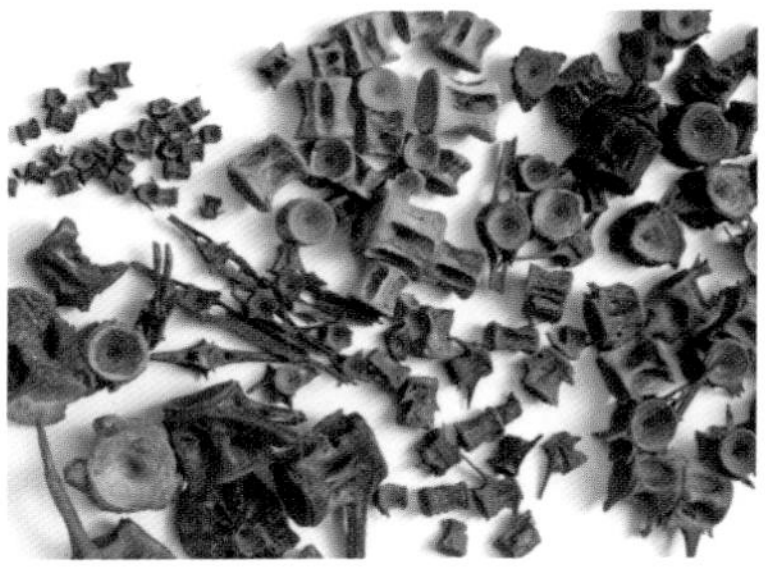

出土した魚骨

当時の集落景観（ジオラマ）

グラフ三内丸山遺跡

＜縄文時代の巨大な集落＞　発掘は青森県営運動公園拡張事業に伴う野球場建設の事前調査として始まった。右が一塁、左が三塁スタンド＝1994（平成６）年

南の谷
竪穴建物跡
大型竪穴建物跡
掘立柱建物跡
北の谷

保存のための覆土を目前に控えた三内丸山遺跡。北東方向に青森港を望む＝1994（平成6）年10月

遺跡は埋め戻され、復元された建物などが並ぶ三内丸山遺跡＝2000（平成12）年

発掘調査

南地区から見つかった土坑墓列＝1997年（昭和52）年

江戸時代から記録に残っているが本格的な発掘の手が入ったのは1953（昭和28）年。断面から姿を現した土器片を見る慶應大研究チーム

青森県知事が新県営球場建設の中止を決定。工事関係者の人影もまばらな三塁側スタンド工事現場（写真後方）の隣で、静かに発掘が続く＝1994（平成６）年８月

土や土器、土偶を1000年間にわたり廃棄し続け小山のようになった盛土の断面

※盛土：竪穴建物などを造る際に地面を掘り、それによって出た残土や、生活用具の土器、石器を繰り返し捨てることで、小山のようになった遺構

低湿地が広がる北の谷。土器や骨角器のほか、動植物の遺体が多数出土

「北の谷」で見つかった成人の大腿骨

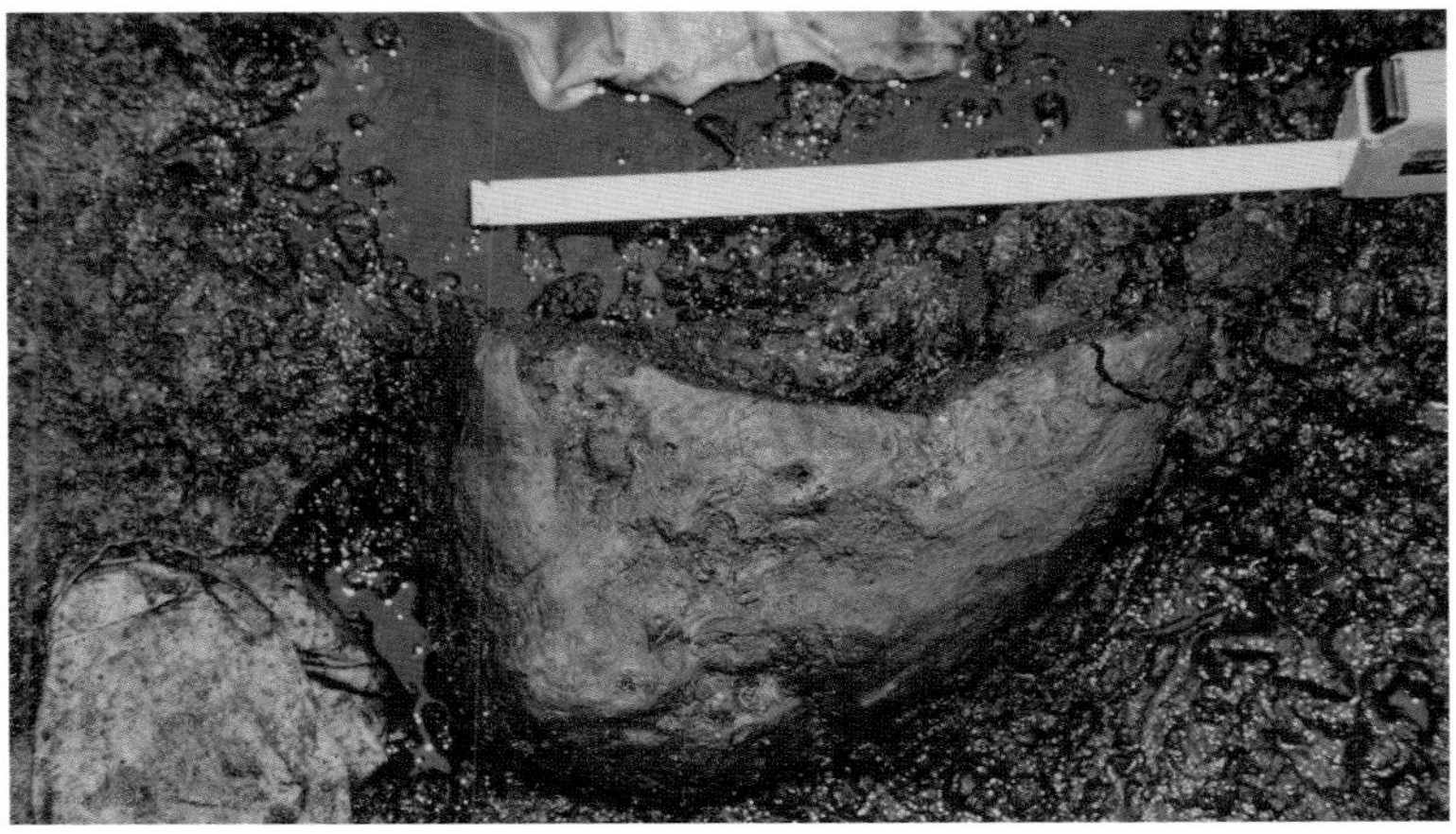

「北の谷」の最北部辺りの低湿地から姿を現した鉢型の木製容器

おびただしい土器が出土

㊤…出土品は既に段ボール2万6千箱分を超えた。谷を埋め尽くす土器片（上方は工事中止となった野球場三塁側スタンド）

木製品や植物種子などが出土した「北の谷」

見つかった大型掘立柱建物の柱穴＝1994（平成６）年

生々しい姿を見せる本柱の一つ。取り上げる前に入念に泥などを取り除く＝1995（平成７）年

掘立柱建物跡の分布状況から、中期に縄文尺ともいえる長さの基準があった可能性が高くなった。ほとんどの柱間隔が35センチの倍数

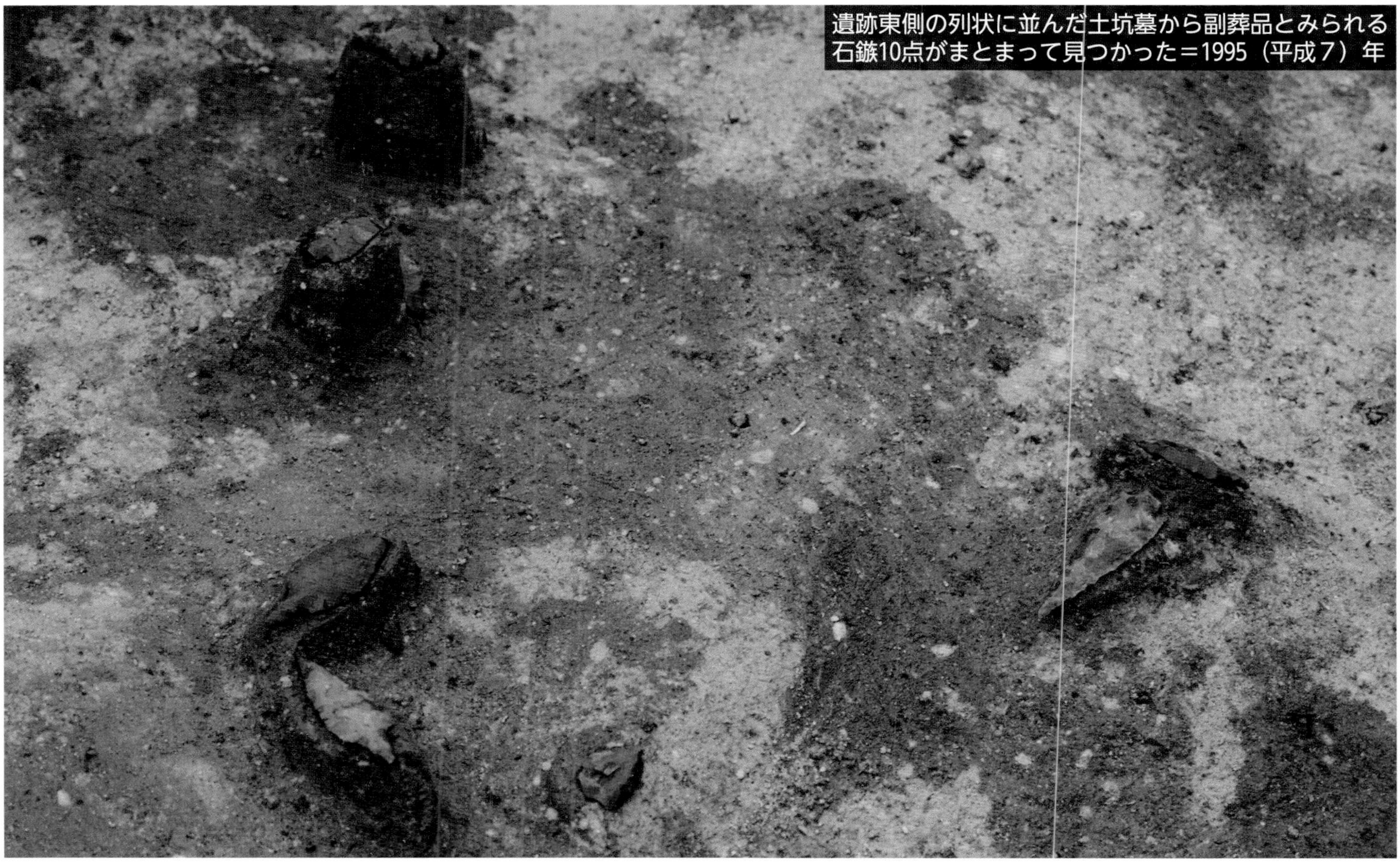

遺跡東側の列状に並んだ土坑墓から副葬品とみられる石鏃10点がまとまって見つかった＝1995（平成７）年

南地区で出土した直径約５メートル、深さ１メートル以上の丸い竪穴遺構で26基が集中。地表近くに段差が作られており用途は不明で調査中＝1997（平成９）年

西盛土北西側で見つかった用途不明の溝状遺構＝2014（平成26）年

墓を囲む小型の環状列石。倒れている大きな石は、円の中心で直立していた可能性がある＝1998（平成10）年

分析

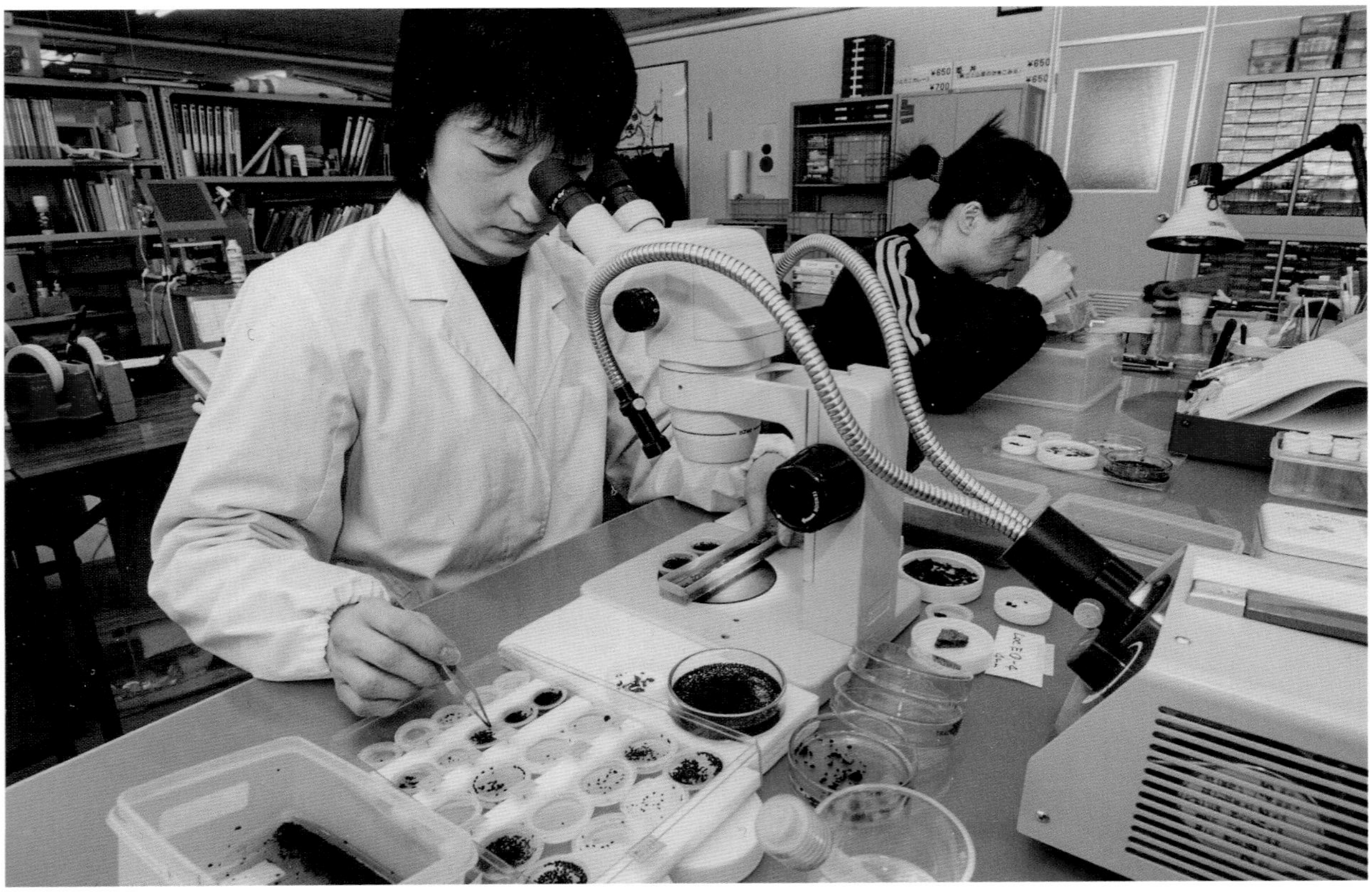

1994（平成6）年から継続的に動物・植物遺体の分析作業が行われているが、これは全国でも例がない

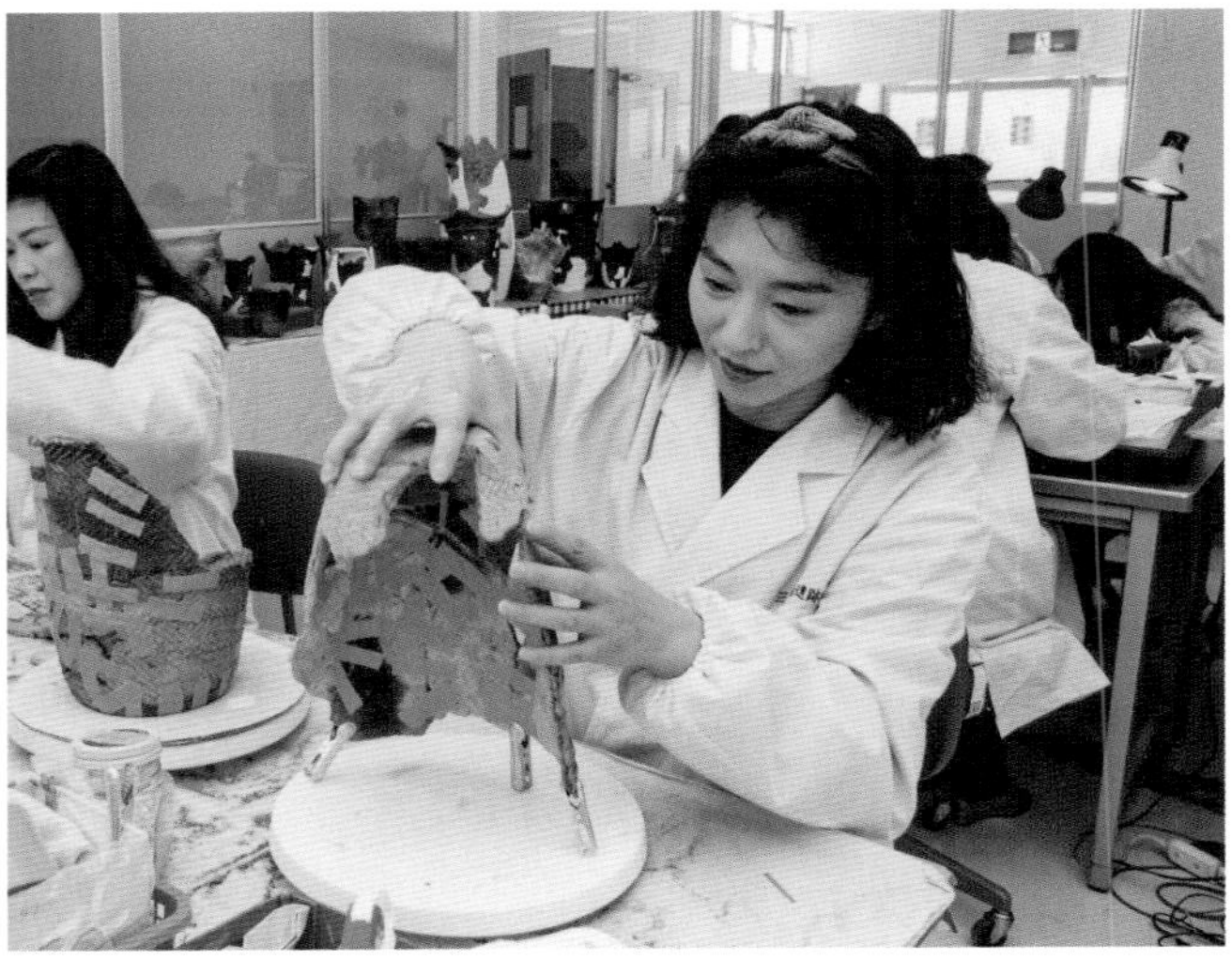

復元された第6鉄塔地区出土の円筒土器。同地区からは段ボールで1600個以上の土器が出土した

発掘調査の公開

現地説明会が開かれ、200人を超える市民が集まり、同遺跡への関心の高さをうかがわせた＝1993（平成５）年

発掘調査のお盆休みがあけた８月22日から一般公開が再開した。初日は約580人が見学に訪れた＝1994年

現地説明会が８月６、７日の２日間開催され、猛暑の中、約8000人が詰めかけた＝1994（平成６）年

県内外から数多くの見学者が訪れた三内丸山遺跡。修学旅行を中心に見学、旅行の要望や問い合わせが相次いだ＝1994年

1994年度最後の現地説明会に朝から雨が降り続く中、約3000人の見学者が詰めかけた＝1994年10月16日

「三内丸山応援隊」の民間ボランティアガイドがデビュー。一生懸命の解説にじっと耳を傾ける来訪者＝1995（平成７）年７月

連日見学者が殺到。案内と解説に当たる県埋蔵文化財調査センター職員＝1994年

1995年度の見学者が10万人を突破。前年度（８～10月）の見学者を合わせると約16万２千人に＝1995（平成７）年７月30日

2015年度の発掘調査で、西盛土西側にある前期末（約５千年前）の溝状遺構の北端とみられる部分が見つかり、説明会では多くの考古学ファンが熱心に見学した＝2015（平成27）年８月

出土した環状配石墓の前で説明に聞き入る参加者たち。県教育庁三内丸山遺跡対策室が開催した現地説明会に約150人が参加＝2000（平成12）年10月14日

頭部裏側

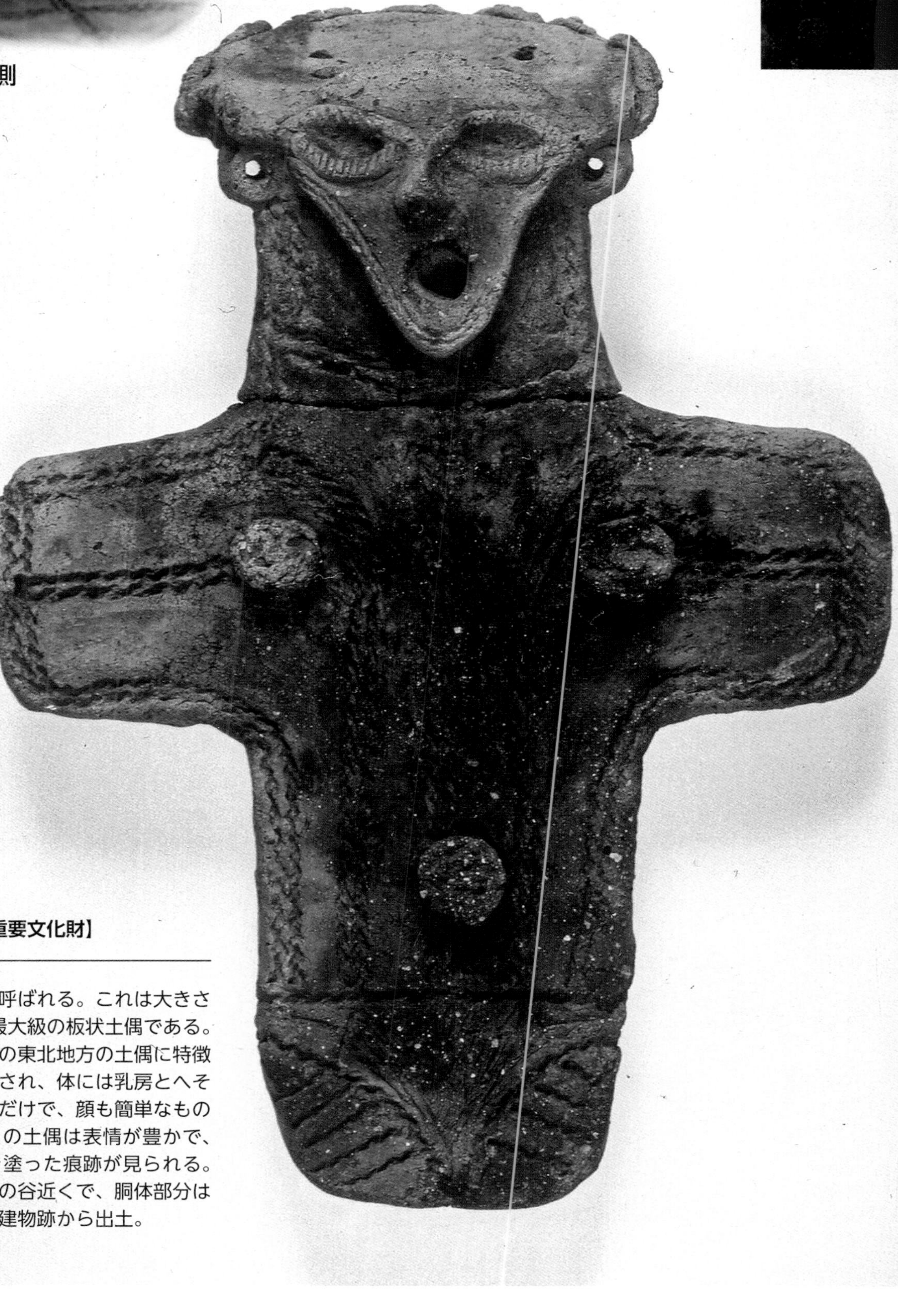

大型板状土偶 【国重要文化財】

薄い形状から板状土偶と呼ばれる。これは大きさが32センチもあり、国内最大級の板状土偶である。

十字形は縄文前・中期の東北地方の土偶に特徴的。手足がほとんど省略され、体には乳房とへそを現す突起が付いているだけで、顔も簡単なものがほとんど。しかし、この土偶は表情が豊かで、表面に黒漆らしいものを塗った痕跡が見られる。首から上の頭部は北盛土の谷近くで、胴体部分は約90メートル離れた竪穴建物跡から出土。

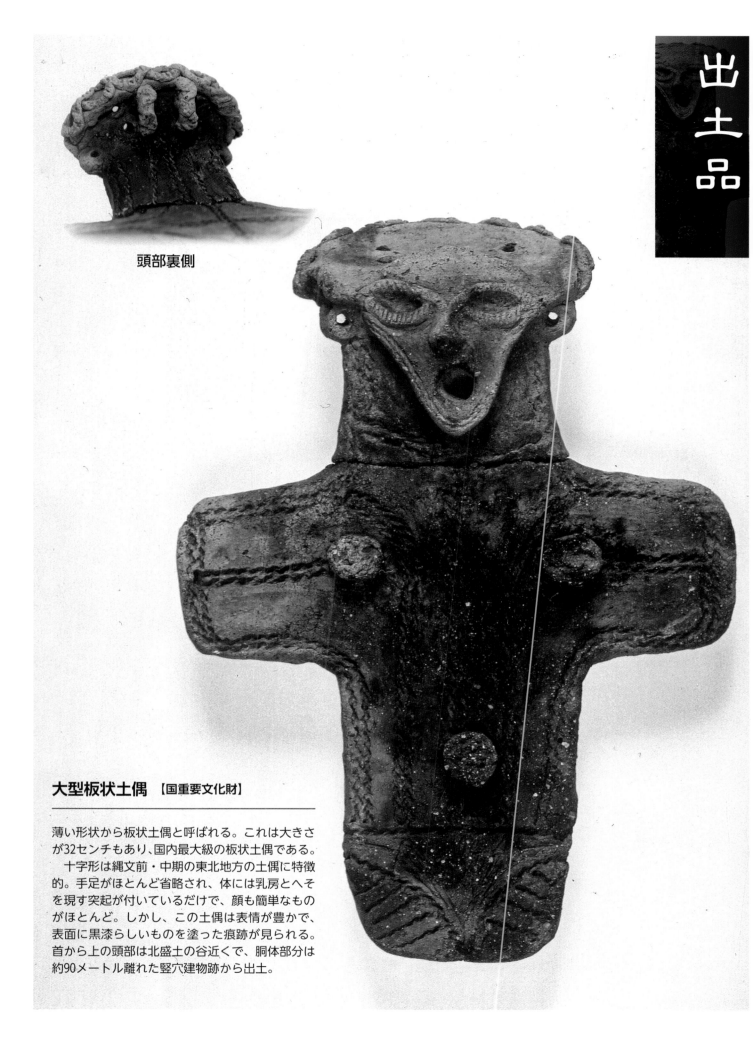

縄文ポシェット 【国重要文化財】

1993（平成５）年に見つけた袋状の編み物。岩手県立博物館の専門家により保存処理。出土直後の調査ではイグサ科植物で編み上げられたとされていたが、再調査の結果ヒノキ科の樹皮だったことがわかった。高さ13～13.5センチ、底面は９センチ四方で、袋は押しつぶされて口の部分が一部欠けていた。約5960年前の前期のもので、幅５ミリほどの素材が縦横に組み上げられ、当時の人の技術を知ることができる。袋の中にはクルミの殻が入っていた。

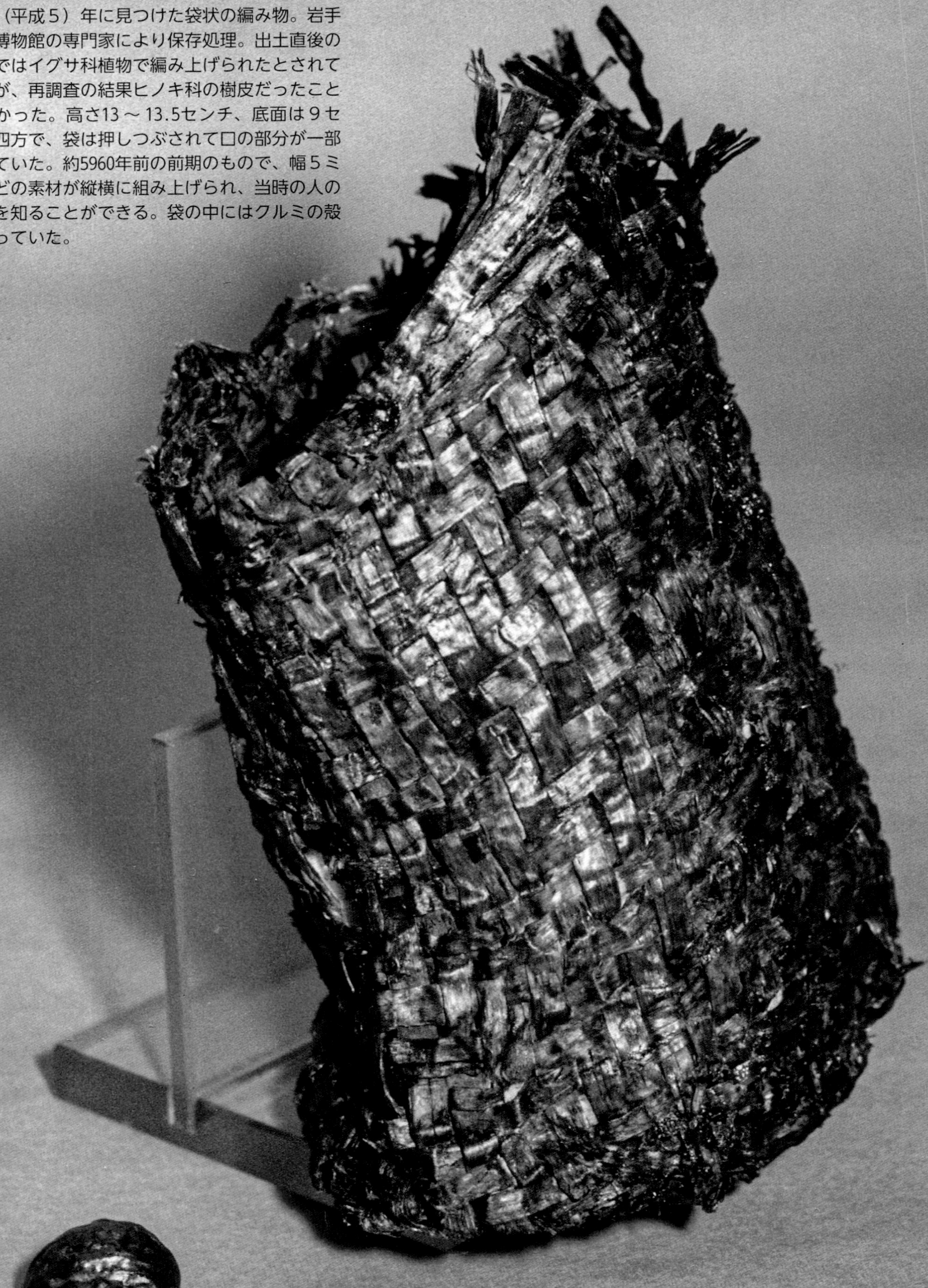

黒曜石製の石匙と石槍

黒曜石の石槍（右）と石匙。北海道の白滝産で、津軽海峡を越えて運ばれたと考えられている。石匙はナイフとして使われた。

”切る“ための石器には薄く節理（規則的に割れる性質）する岩石を用いた。切る石器用に珍重されたのは「天然のガラス」ともいわれ、切れ味の鋭い黒曜石だ。動物解体や骨角器の製作などにナイフとして使用したと考えられる。石器製作時にはシカ角製ドリルの先端などを押し当てて少しずつ刃を作った。青森県のつがる市出来島などでも産出するが、ガラス質が不均等で気泡が多い。

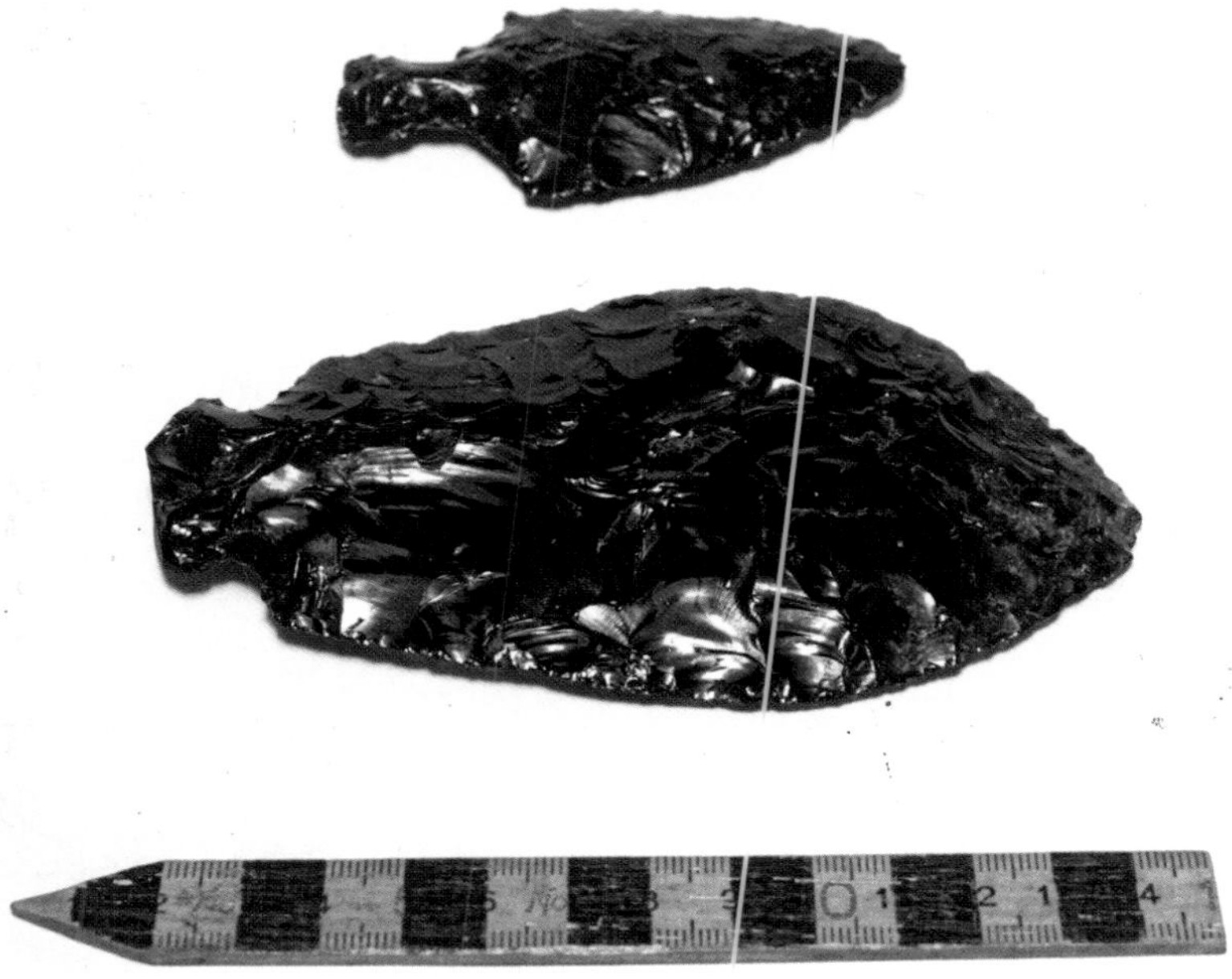

アスファルト付着の石鏃

中期の石鏃（せきぞく＝矢じり）。注目されるのは表面に黒く付着したアスファルト。石鏃に塗られているのは、天然のアスファルトで、中期の青森県内では、矢じりや銛（もり）を柄に固定する接着剤としても使われ始めた。後期になると土器の補修、晩期には漆塗りの下地など幅広い用途に利用された。天然アスファルトを産する油田は北海道から新潟県にかけての日本海側に点在するが、青森県に最も近いのは秋田県潟上市（旧昭和町）にある通称アスファルト沼。ここから土器に詰められ、県内各地へと運ばれたと考えられる。

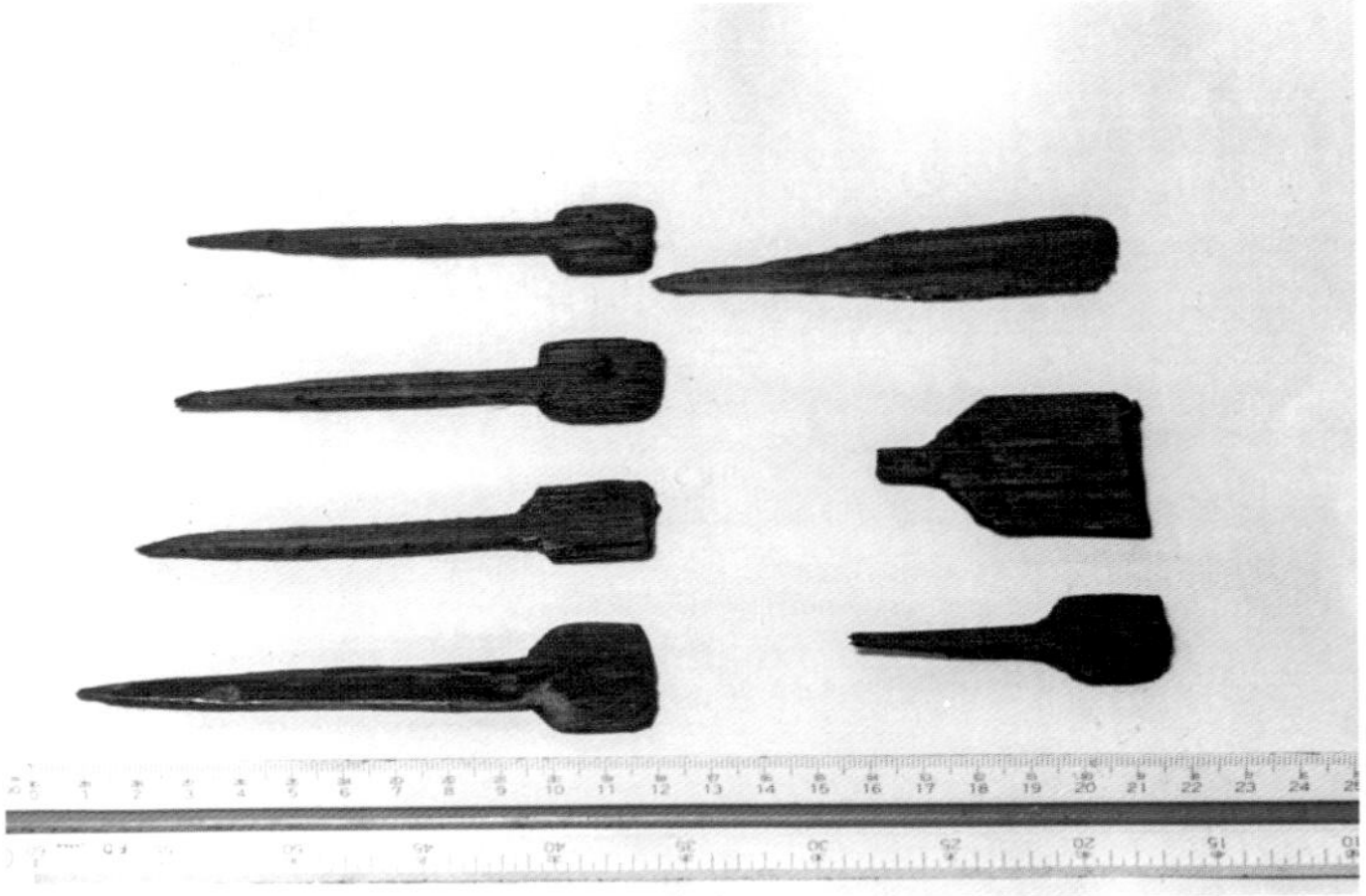

へら状木製品（前期）

用途としては、土器の成形や、漆器製作に使われたなどの説がある。とがった部分の方が丁寧に加工されているので、かんざし、あるいは布や皮製品の製作時にピンとして使った可能性も指摘されている。

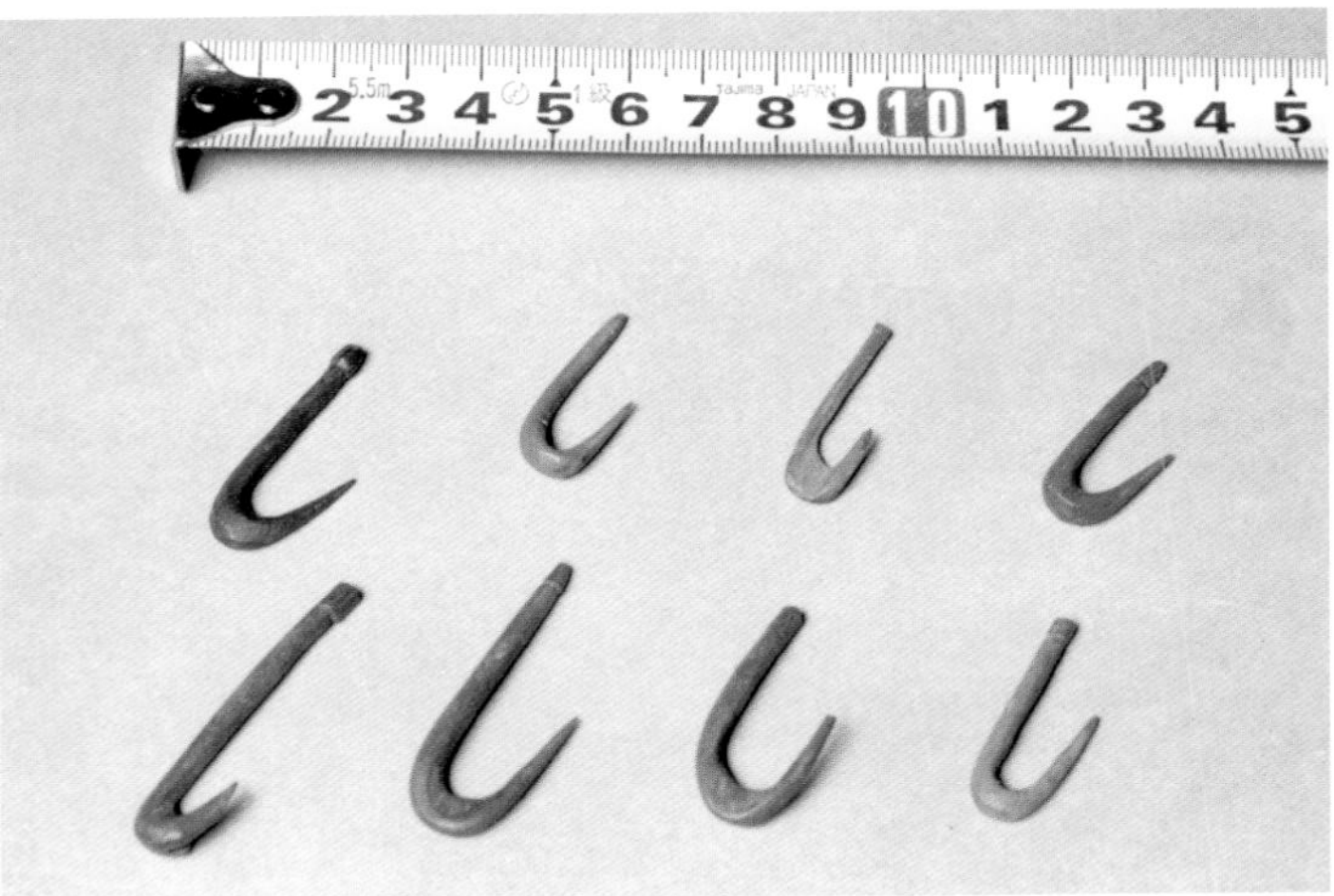

骨角器（前期）

低湿地から出土した骨角器は、縄文人が使っていた当時の色そのまま。大小の釣り針は漁の様子を生々しく思い起こさせる。

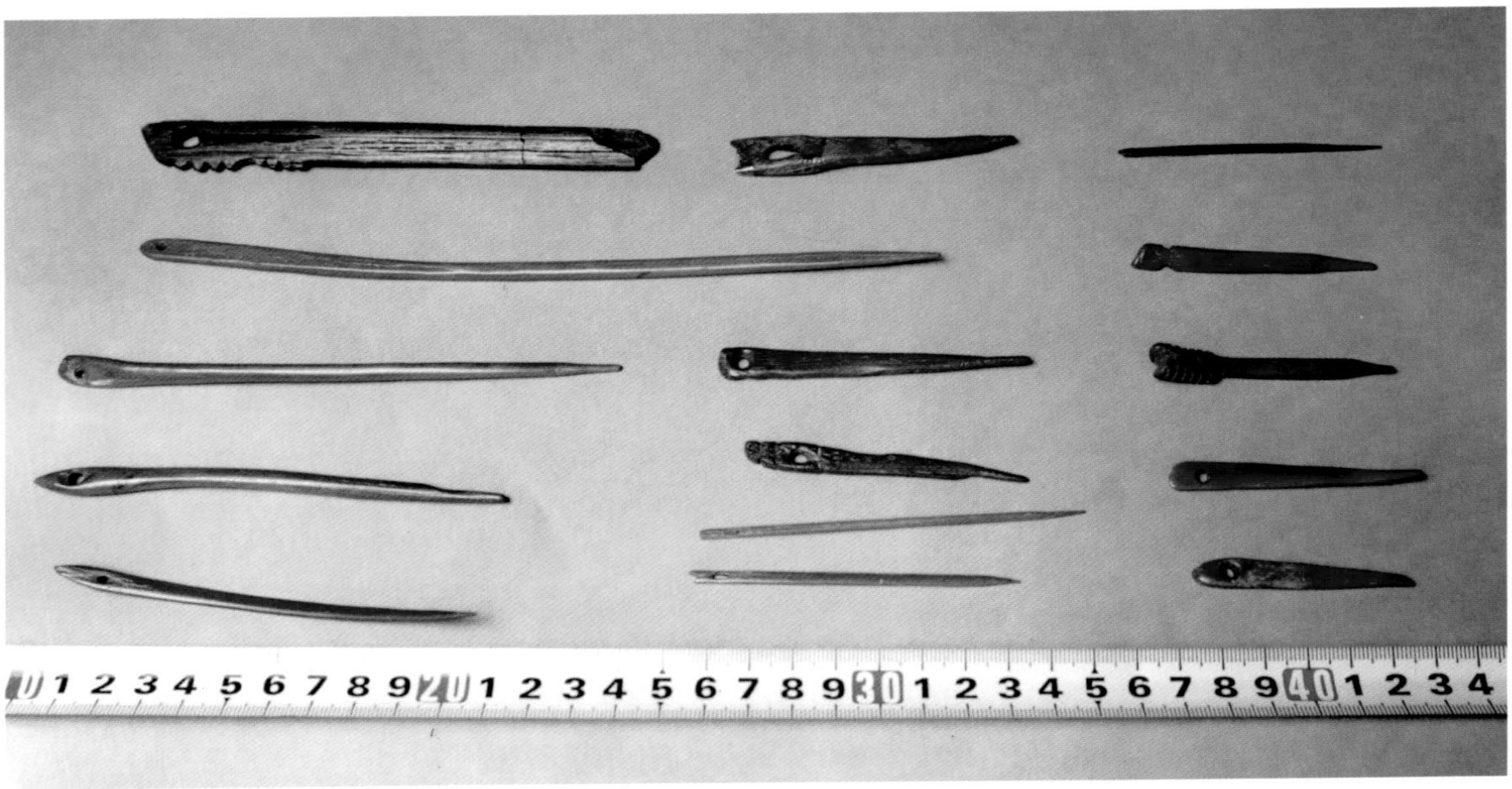

骨角器（前期）

いろいろな大きさや形の針は、編む技術があったことを裏付ける。穴開けに使ったとみられるドリル状の骨角器、湾曲した針など全国でも初めて出土した骨角器も多い。低湿地からだけでも300点以上出土している。

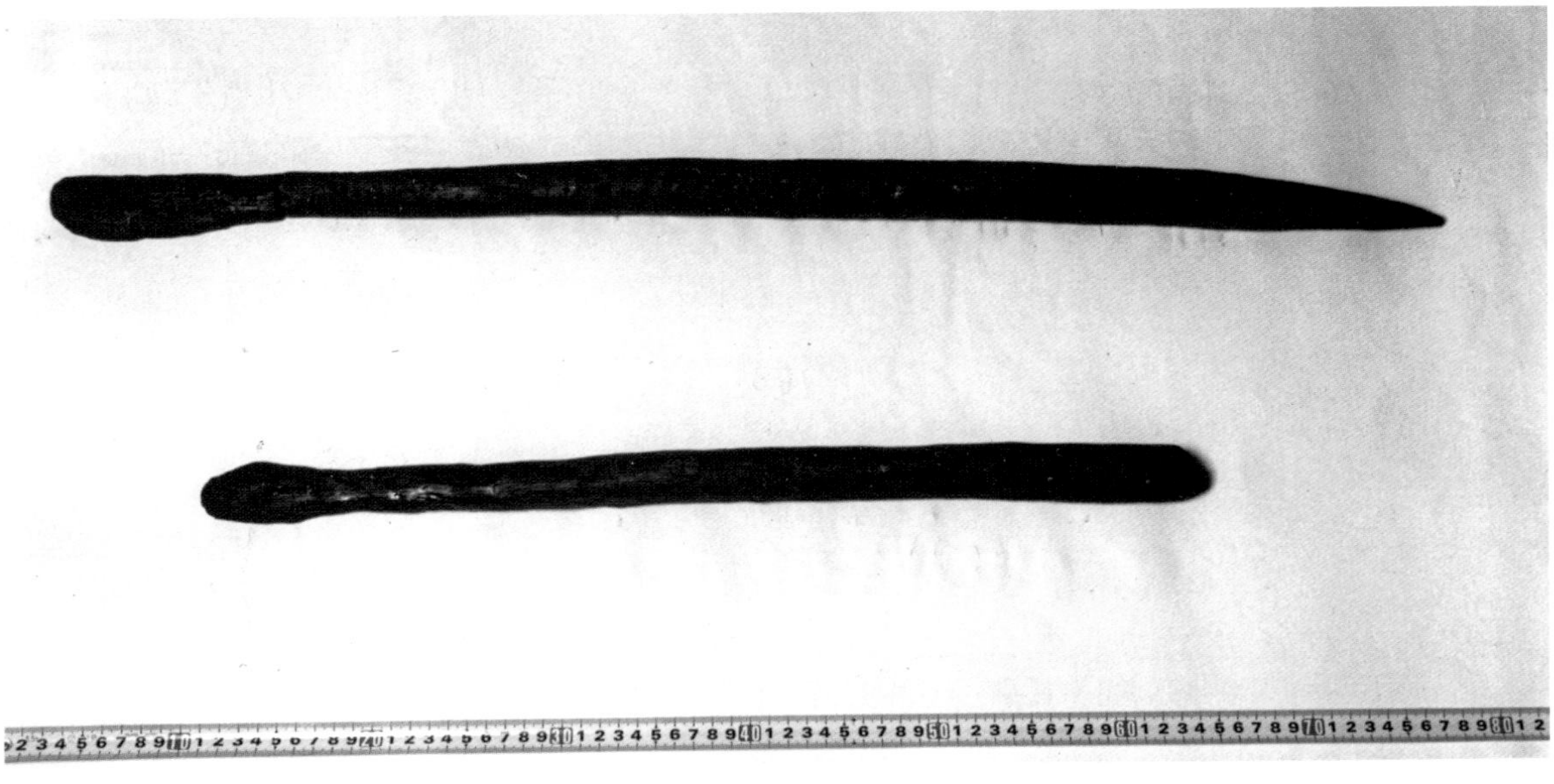

堀り棒（前期）

一端が平らで、反対側は鋭くとがっている。土堀り具の可能性が高い。

赤漆塗り土器（前期）

外側だけでなく、内側にまで漆を施した土器。泥炭層に守られていた赤い器が、5900年の眠りから目覚めた。縄目模様や飾りがなく、ツルンとしたどんぶりの形をしている。

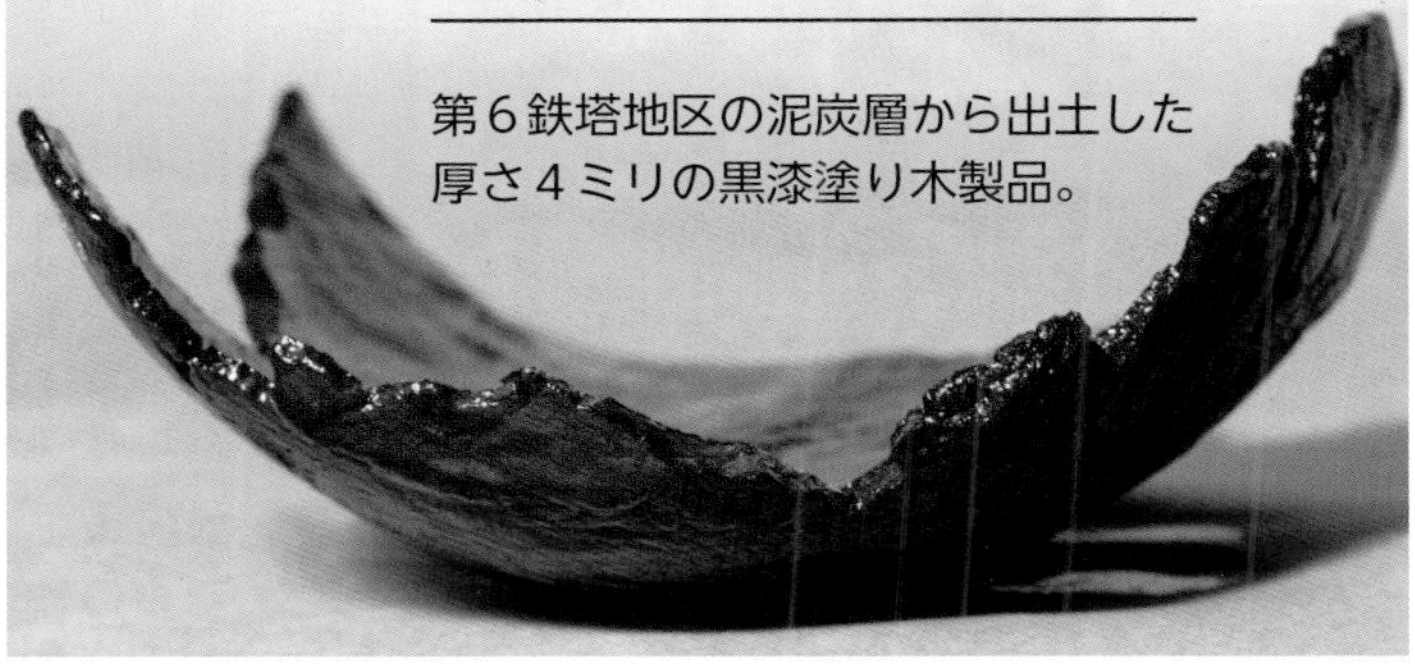

黒漆塗り木製品

第６鉄塔地区の泥炭層から出土した厚さ４ミリの黒漆塗り木製品。

最古級漆器

国内最古級の鮮やかな朱色に彩られた木製漆器。前期（約5900年前）のもので、泥炭層から出土。写真は器を底から写している。

赤漆塗り高杯

第６鉄塔地区から出土した前期中ごろの漆器の一部。

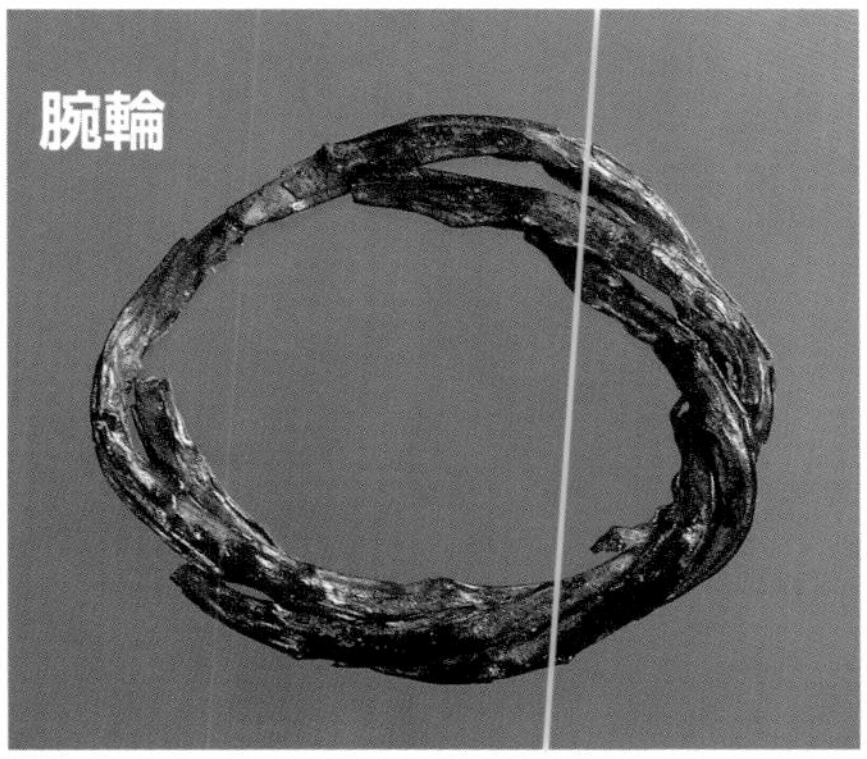

腕輪

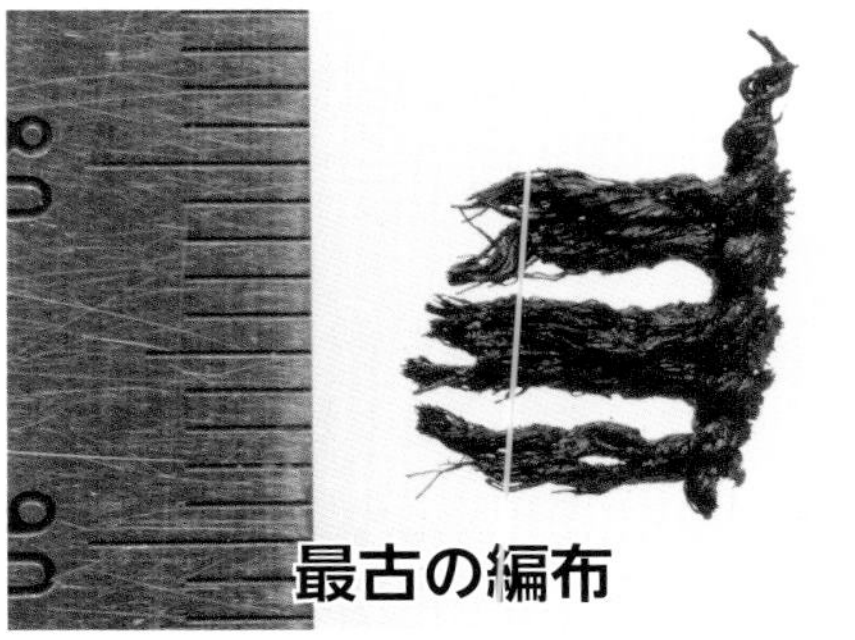

最古の編布

組ひも

ヒスイ製品・原石

三内丸山遺跡からはヒスイ製品が20点以上見つかっている。中でも大きいのが写真上の３点。テニスボールよりわずかに小さいぐらいの巨大さだ。ヒスイの原石（写真下）をはじめ、途中まで穴を開けた未完成品も見つかっている。原産地は、新潟県の糸魚川地域。青森県の遺跡からこれまで見つかっているヒスイは、ほとんどが糸魚川産だ。

しっとりとした緑が鮮やかなヒスイのペンダント。緑色は草木の新芽、そして躍動する声明を象徴する。自然と闘い続けた縄文人にとって、特別な色だったと想像される。

玦状耳飾り

玦（けつ）は中国古典の記述に由来する名称で、環状の輪の一部を欠いたＣ字形の耳飾りを指す。写真右下の完全形のものは、青森県内では南部町舘野遺跡に次いで２例目の出土。前期とみられる。

人物絵画土器（中期）

人物が描かれている中期後半のものとみられる土器の破片。幅約１㎜、長さ約５～10数㎜の短い、やや深めの線で比較的しっかりと描かれている。

石皿と敲石・磨石（中期）

石の重さや硬さを活かして一緒に使われた。片手で持ちやすい大きさの石は木の実などを敲（たた）いたり、すりつぶす時に使う敲石（たたきいし）や磨石（すりいし）に利用。

半円状扁平打製石器

円筒土器文化特有の石器。土堀り具や植物加工、でんぷん採取に用いられた可能性がある。

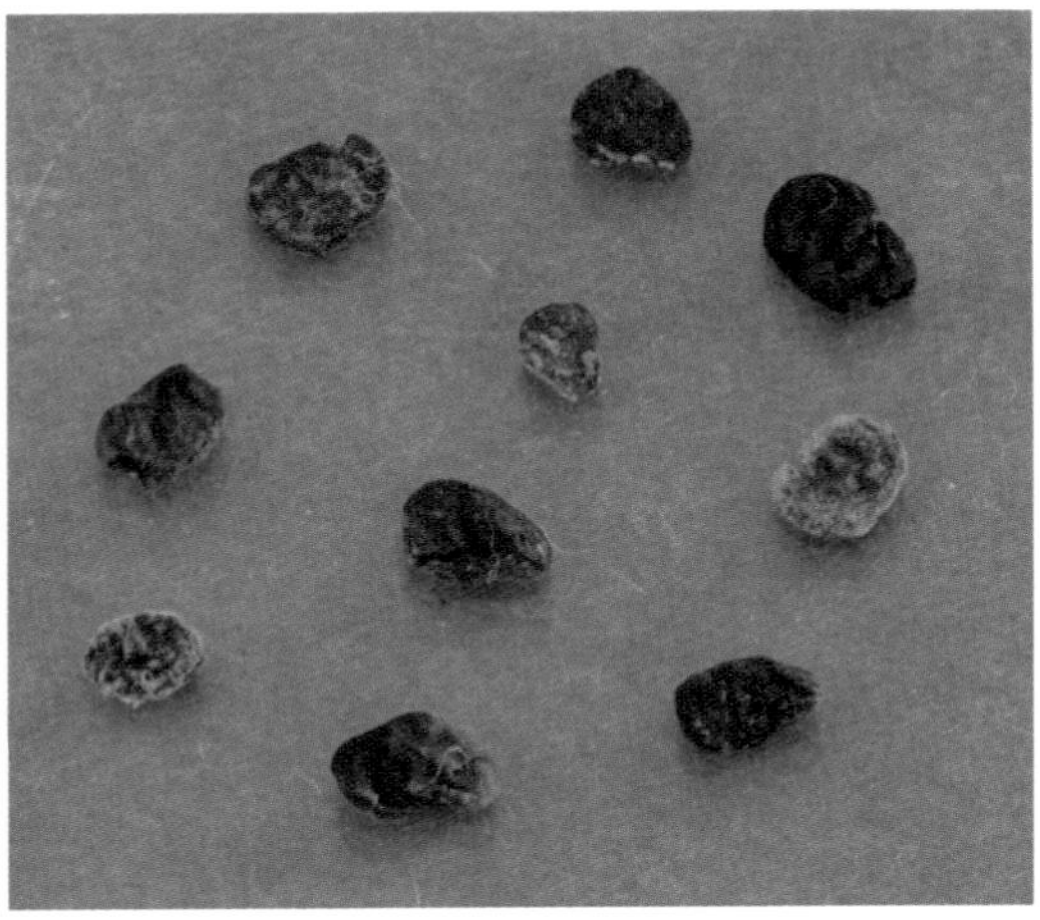

ウルシの種子

三内丸山遺跡北側の第6鉄塔地区と北の谷の泥炭層から見つかったウルシの種子。当初、ウルシのルーツは中国起源説が支配的だったが、DNA分析の結果、日本グループに属することが判明した。

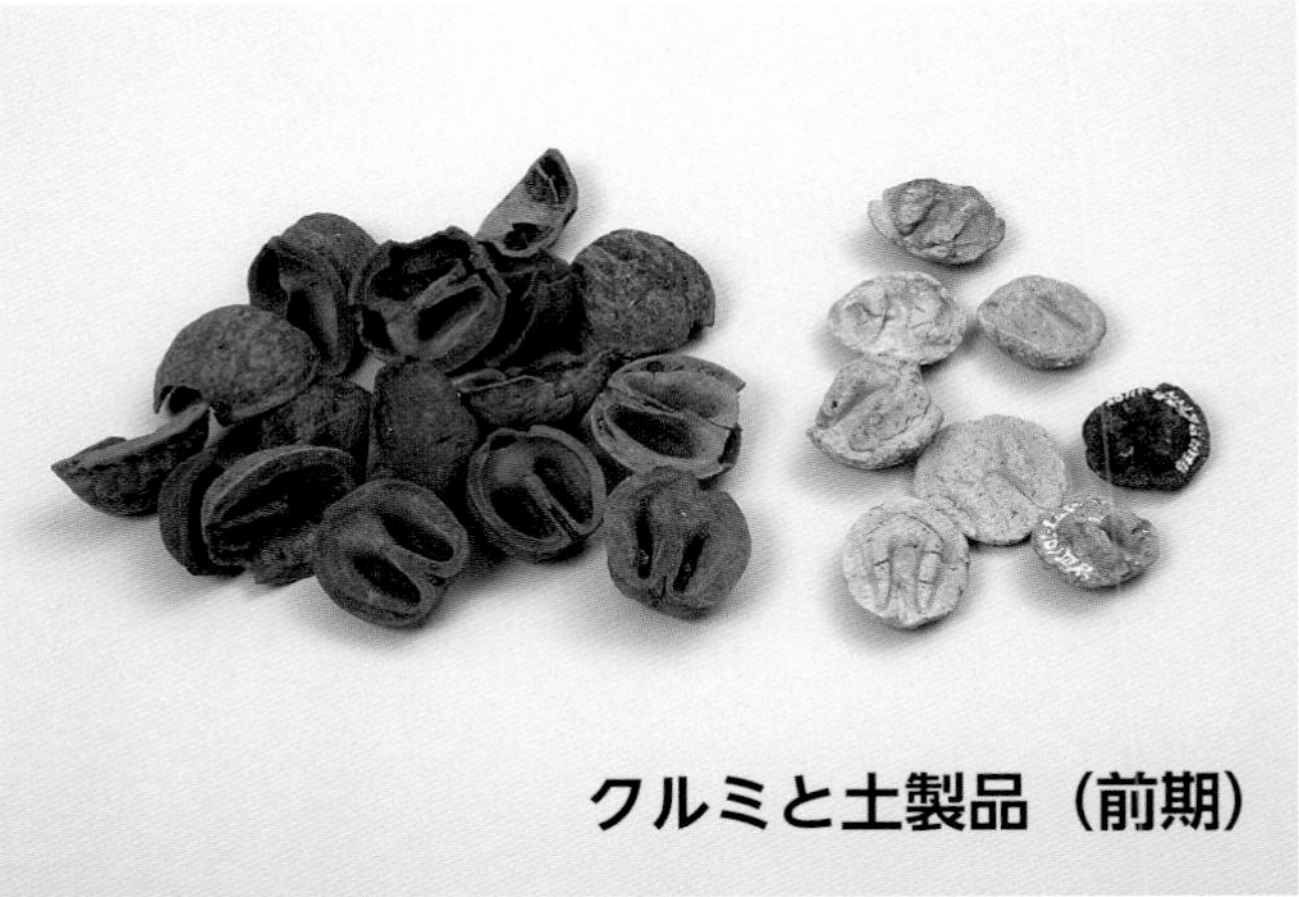

クルミと土製品（前期）

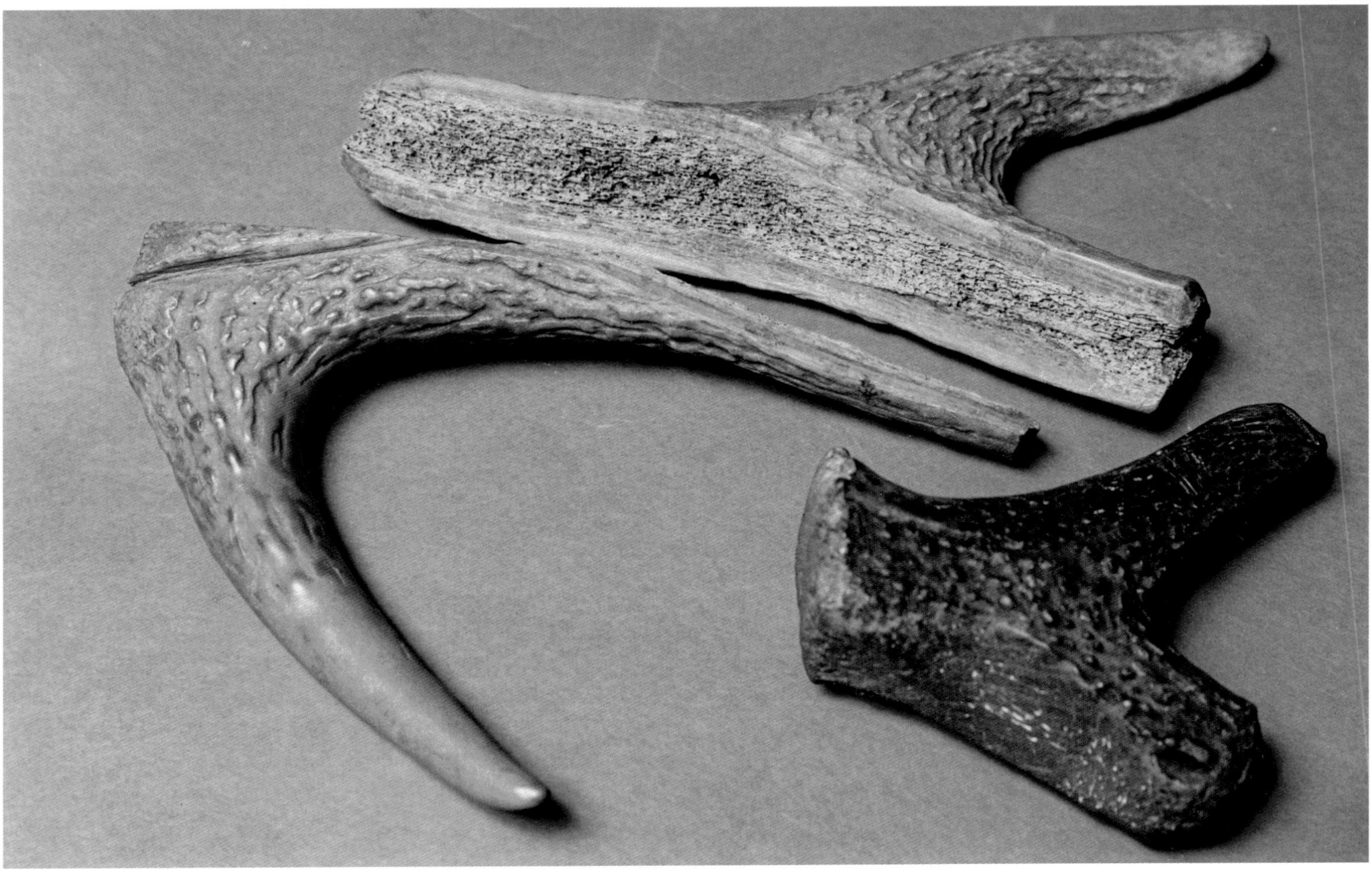

シカ角ハンマーと骨角器の素材

シカ角で作ったハンマー（右下）。一番細い部分を握ってたたく。左の2本は元は1本の角で、割れ目がぴたりと合わさる。角でなにかを作る最初の行程がよく分かる。釣り針や縫い針などの多くの道具はシカ角で作られた。

ミニチュア土製品（前・中期）

盛土から多数出土し、祭祀・儀礼に使われたと考えられている。

人骨

北の谷から出土した前期（約5900年前）の成人の大腿骨㊧、歯㊥、子供の下あごの一部とみられる焼けた骨。

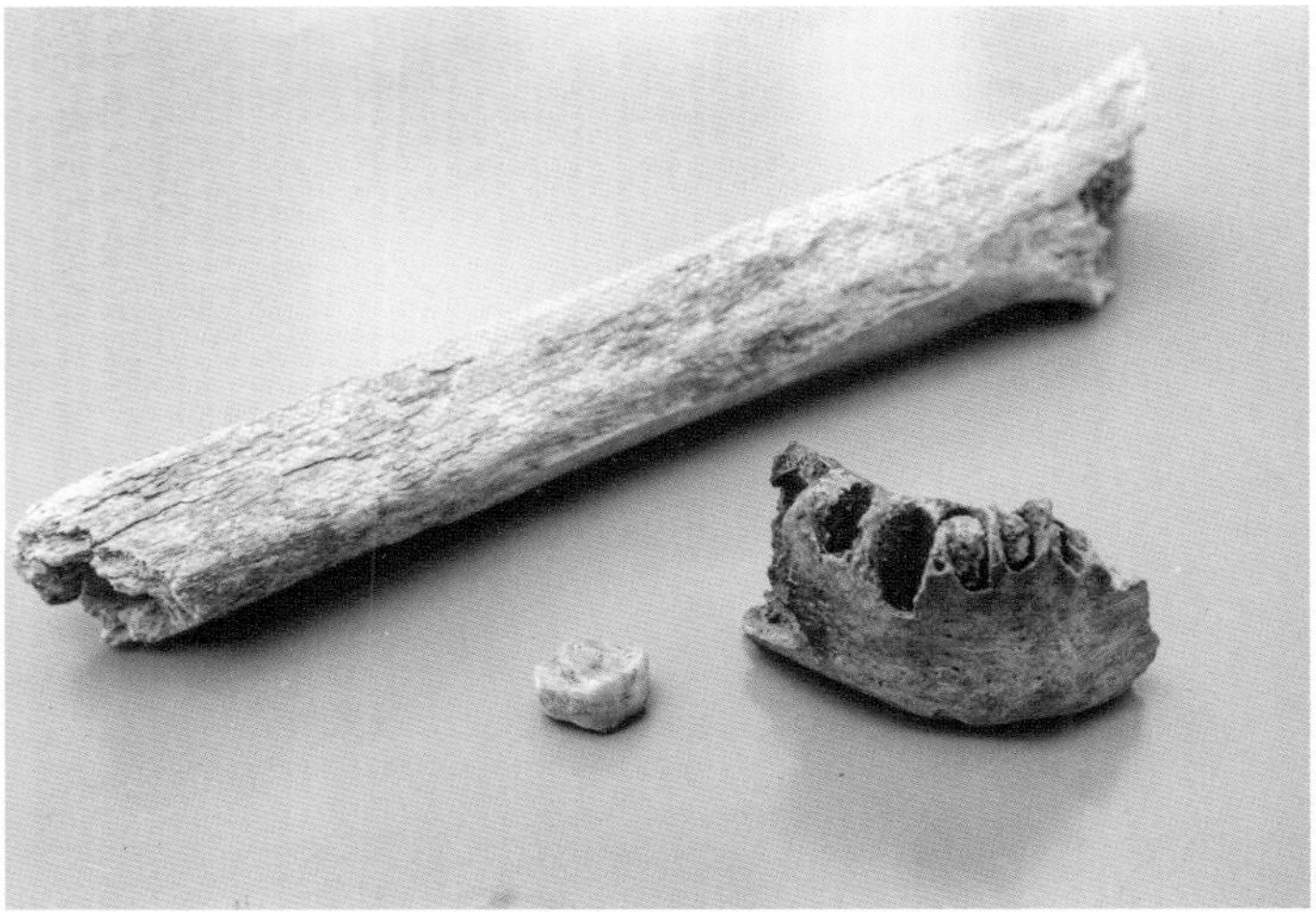

北の谷から出土した前期の大腿骨と頸骨の小片。コラーゲンを抽出して食生活について調査。クリやクルミなどの植物に大きく依存し、海辺の集落にもかかわらず魚介類をあまり食べていない可能性が判明。

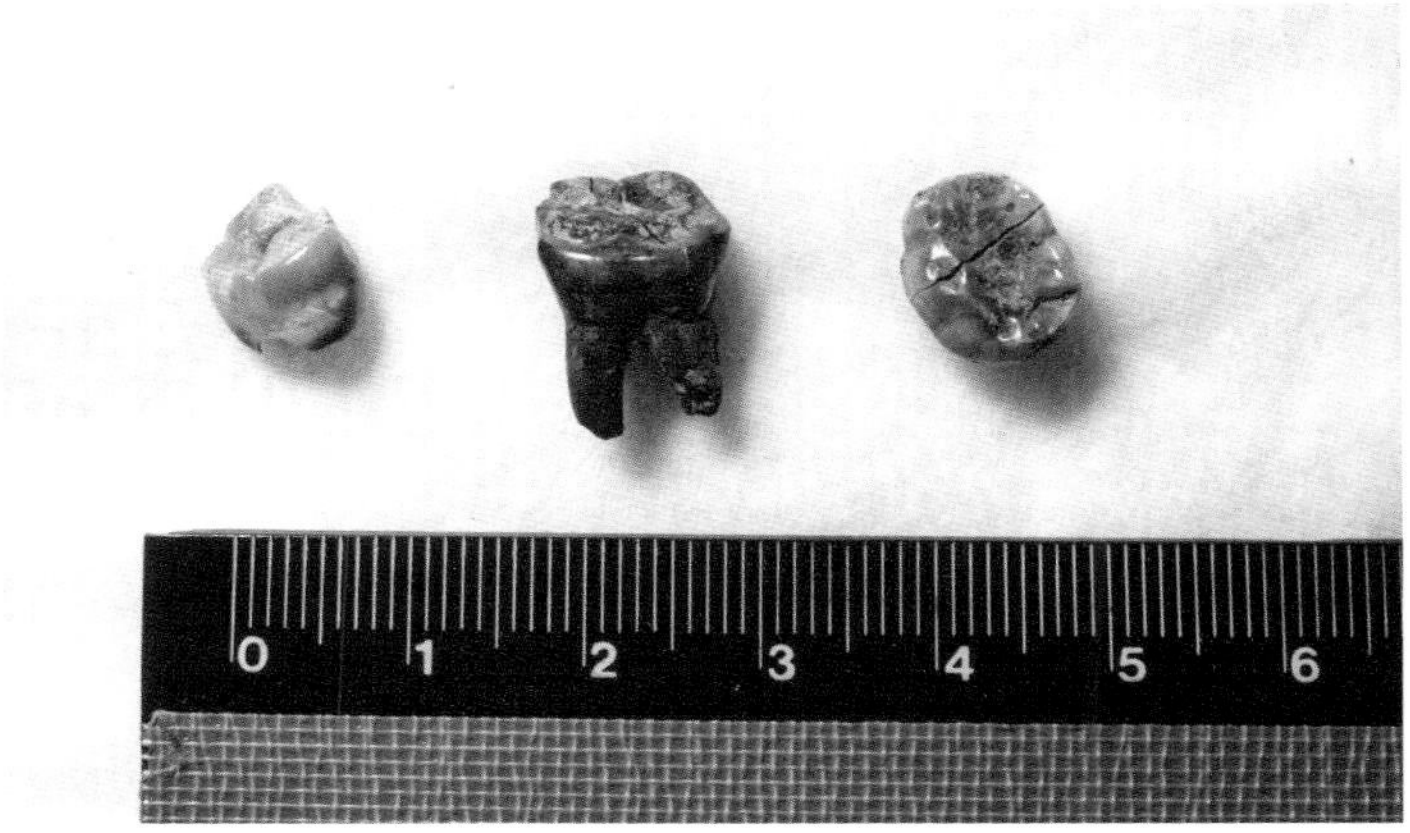

成人・子供の奥歯

1996（平成８）年に三内丸山遺跡の墓以外の低湿地から出土した前期末の縄文人の歯。右が子供、中央は成人男性の奥歯とみられている。左は1994（平成６）年に見つかったもの。

マダイ椎骨（前期）

タイの他に出土した骨やうろこから確認されているのはマグロ、ブリ、ボラ、メカジキ、ヒラメ、フグ、ニシン、イワシ、サメ、クジラ、イルカ等多種にわたる。

木製品（前期）

掘り棒と考えられる木製品。低湿地の中にほぼ完全な形で残っていた。長さ約150センチ。

遺跡北側斜面の低湿地で出土した中期の木柱。木柱の下部にくっついているのは土器。直径60センチ以上と推定され、柱の太さから大型建物と考えられる。

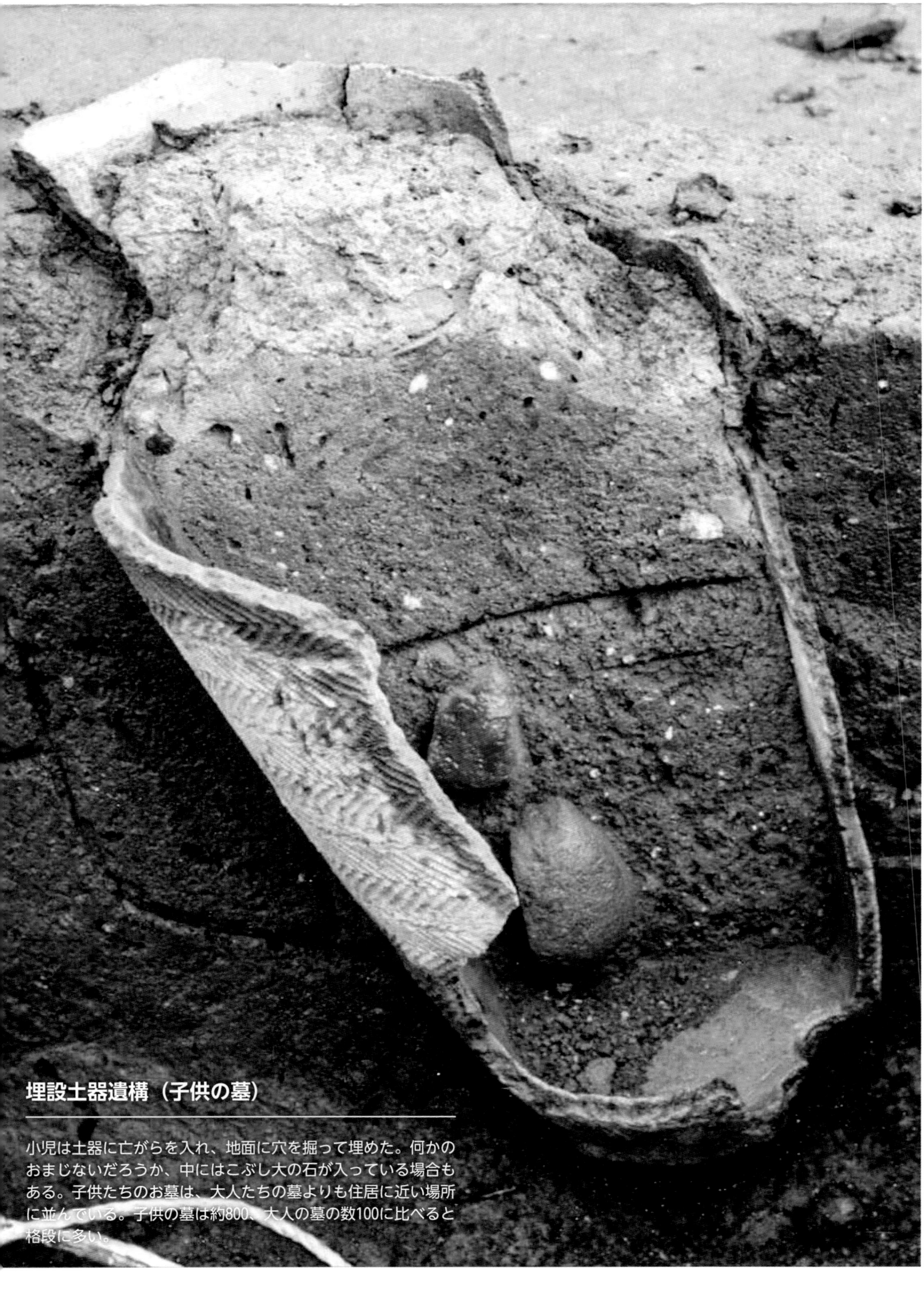

埋設土器遺構（子供の墓）

小児は土器に亡がらを入れ、地面に穴を掘って埋めた。何かのおまじないだろうか、中にはこぶし大の石が入っている場合もある。子供たちのお墓は、大人たちの墓よりも住居に近い場所に並んでいる。子供の墓は約800、大人の墓の数100に比べると格段に多い。

クリ材と判明した木柱

復元された三内丸山遺跡

【写真右】大型掘立柱建物跡。柱の穴は直径約2メートル、深さ約2メートルで、中に直径1メートルのクリの柱が入っていた。穴と穴の間隔はすべて約4・2メートルで、整然と配列されており、六本柱で長方形の建物が建っていた、と推測されている。

巨大六本柱（大型掘立柱建物跡）

１９９４（平成６）年、三内丸山遺跡で巨大な集落跡、膨大な出土品が次々と発見。とりわけ直径1メートルにも達するクリの巨木を使った六本柱が見つかり、全国的に大きな反響を呼んだ。

この巨大な柱が一体何なのか。大型の高床建物とする建物説や、望楼、見張り台、柱を立てまつりを行ったトーテム・ポール説など、いろいろあるが、いずれも決め手を欠きこの六本柱をめぐる議論はまだ決着が尽きそうにもない。

【写真上】大型竪穴建物とその内部。長さ32メートル、幅9・8メートルで国内最大級の規模。共同作業場、集会所として使用されたり冬期間の共同家屋など諸説ある。

【写真右】掘立柱建物。高床の建物で、食料などを貯蔵した倉庫として使われた可能性が考えられている。

【写真下】三内丸山遺跡の復元建物群。画面左は竪穴建物。

縄文時遊館
さんまるミュージアム

三内丸山遺跡センター　縄文時遊館

【三内丸山遺跡センター・縄文時遊館】

（2021年8月現在）

観覧料

一般：410円（330円）
高校生・大学生等：200円（160円）
中学生以下：無料
※（　）は20名以上の団体
※特別展の観覧料は別途

見学時間

AM9:00 ~ PM5:00
（入館は閉館の30分前まで）
※GW中と6/1 ~ 9/30はＰM6：00まで開館）

休館日

毎月第４月曜日（祝・休日の場合は翌日）
年末年始（12月30日～ 1月1日）

問合せ先

三内丸山遺跡センター
〒038-0031 青森県青森市三内字丸山305
TEL.017-766-8282 FAX.017-766-2365

ミュージアムの入り口は赤いゲートが目印

建物に入ると巨大な土器が出迎える

ミュージアム入り口のタイムスケールを抜けると左手に「縄文人のこころ」コーナー、右手は「縄文人のくらしをひもとく」コーナー

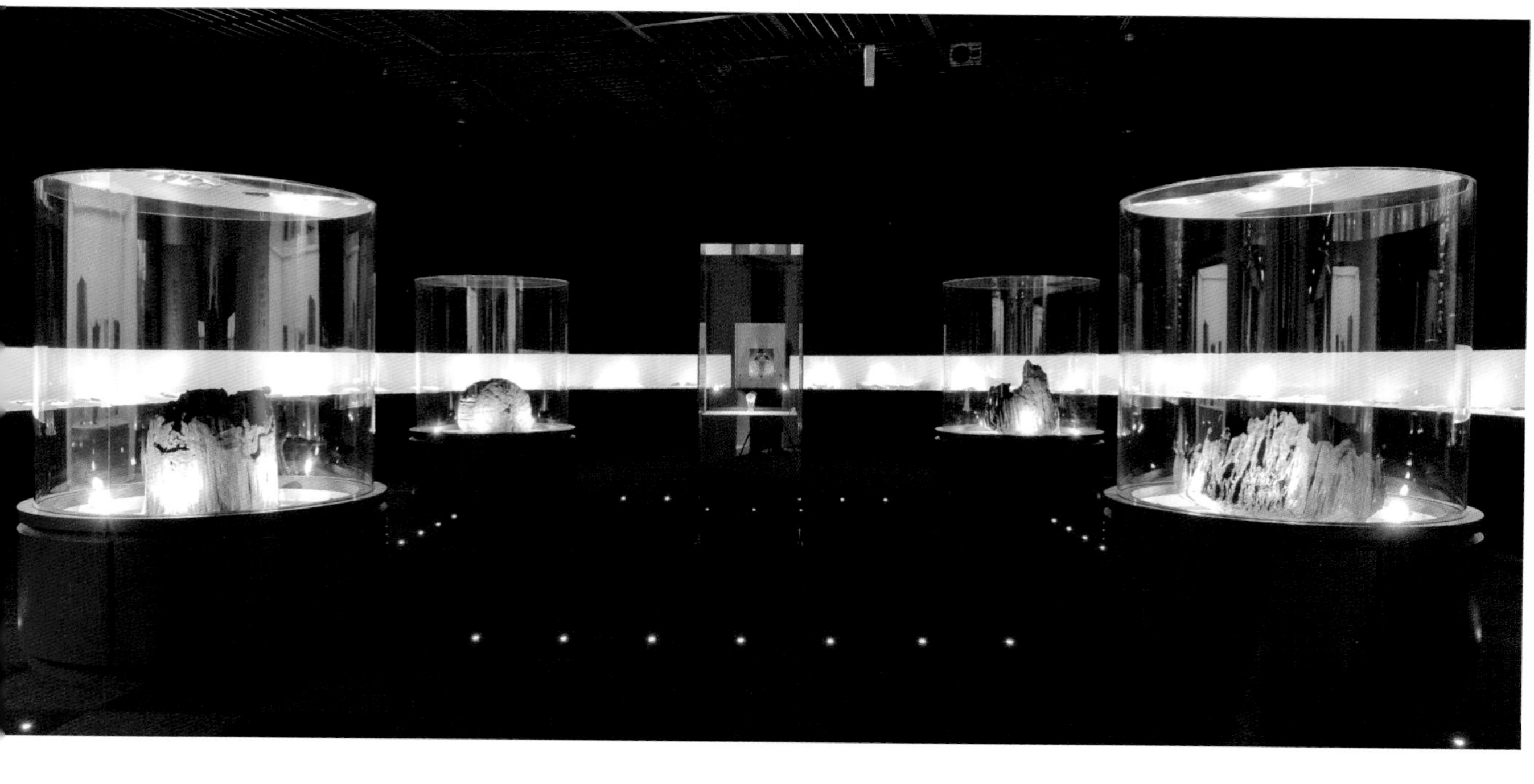

【縄文人のこころ】重要文化財の「大型板状土偶」をはじめ、「ヒスイ製大珠」「クリの大型木柱」などを展示

【土器ステージ】時代ごとに形が変わる土器が並んでおり、比較ができる

【縄文人のくらしをひもとく】このコーナーでは、人形などを用いて出土品から考えられる縄文人の生活をわかりやすく展示

さんまるミュージアムには三内丸山遺跡から出土した重要文化財約500点を含む総数約1,700点の遺物を展示しています。

展示ケース内に設置しているＱＲコードをスマートフォンなどで読み込むと、動画による解説（約１分）が始まります。FREE Wi-Fiも設置しており便利な機能です。

縄文時遊館内には、さんまるミュージアムの他に、縄文シアター（上映時間７分）や、地下には一般収蔵庫、約６ｍの高さの壁面に5,120個の縄文土器のかけらを散りばめた縄文ビッグウォール、売店、レストランがあり充実しています。

興隆溝遺跡（中国）

日中共同発掘は、中国東北部の先史文化と日本の北東北の縄文文化の関連性について「北東アジア」の視点から解明するとともに、縄文文化の源流を探るのが目的で、中国内モンゴル自治区の興隆溝遺跡（約7500年前）で、2001年度から３年間にわたって行われた。日中先史時代遺跡共同研究実行委員会（県、青森市、東奥日報社）と中国社会科学院考古研究所（北京市）が、国境と組織を越えて取り組んだ画期的な国際共同研究で、この遺跡に海外の研究者が初めて入った。

興隆溝遺跡での共同研究を担当する日中スタッフ、そして彼らを支える現地作業員が勢ぞろい
＝2001（平成13）年８月

２年目の発掘調査がスタートした興隆溝遺跡。四角い線で囲まれた黒っぽい土の部分が建物跡。
さらに掘り進め、詳しく調べる

発掘中の興隆溝遺跡を訪れた、三内丸山のルーツを訪ねる東奥日報社主催の「中国東北古跡の旅」参加者。建物群と豊富な遺物に驚いた

中国側隊員ら（右３人）と住居跡を見る日本側メンバー（左２人）。中国の遺跡で日中の研究チームが肩を並べるのは画期的なこと

長い間閉ざされていた北の文化の道。それをひらき、検証する作業が興隆溝遺跡で続く

遺跡内をＧＰＳ測量する測量チーム。ポールが人工衛星の電波をとらえることで、精密な測量が可能になる

興隆溝遺跡から出土したイノシシの頭骨を調べる日中の研究者

現地では貴重な井戸水を使って住居内の土壌を水洗い選別する作業員。植物遺体を見つけるのが目的

遺跡から掘り出した土はふるいにかけ、細かい遺物をチェックする

興隆溝遺跡の第２地点から出土した土偶。女性３人が頭を寄せ合い、腕を組み、寄り添っているように見える。写真では２人しか確認できないが奥にもう１人いる

興隆溝遺跡から出土した玦状耳飾り。日本海側の縄文遺跡のものと同じ形態をしていた

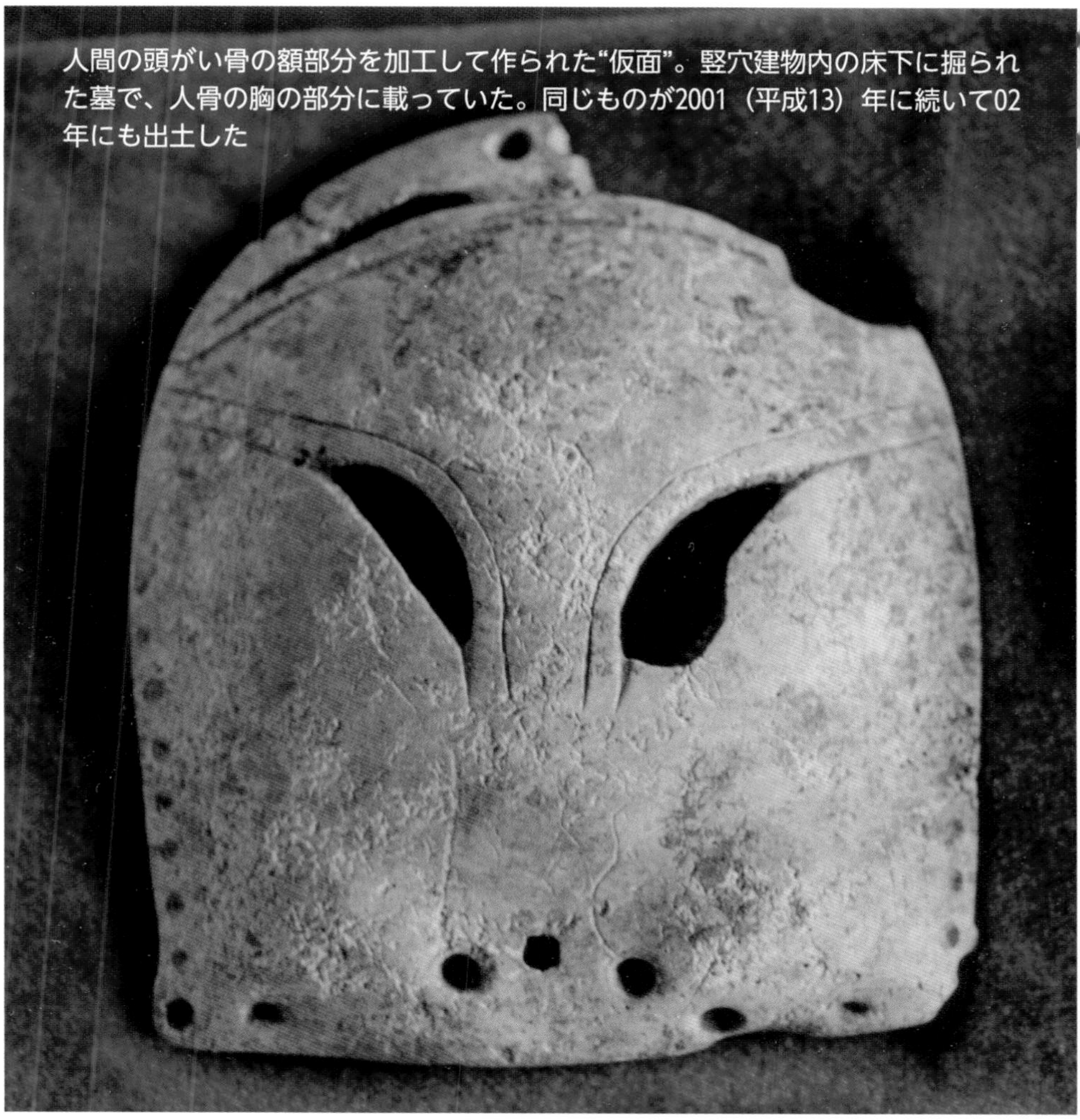

人間の頭がい骨の額部分を加工して作られた“仮面”。竪穴建物内の床下に掘られた墓で、人骨の胸の部分に載っていた。同じものが2001（平成13）年に続いて02年にも出土した

興隆溝遺跡から出土した人骨を分析した結果、縄文人とはかなり形質が違うことが分かってきた

三内丸山を紐解く

円筒土器

茅野嘉雄

縄文前期中頃（約5900年前）から中期中頃（約4800年前）にかけての約千年間、青森県を中心として津軽海峡を挟んだ北海道南部から北東北にかけて、バケツを上下に引っ張ったような細長い筒形をした独特の形状の土器が分布しました。

その形状から円筒土器《えんとうどき》と呼ばれ、これらの土器が分布する地域の文化を円筒土器文化と言います。三内丸山遺跡はその円筒土器文化を代表する遺跡です。

円筒土器については江戸時代後半に菅江真澄《すがえますみ》によって書かれた『栖家《すみか》の山』（1799）に、三内丸山遺跡出土と考えられる土器片の精巧なスケッチが描かれています（図①）。

円筒土器の名称は当時東北大学に勤めていた長谷部言人《はせべことんど》氏によって、五所川原市市浦のオセドウ貝塚や笹畑貝塚、八戸市是川一王寺遺跡の発掘調査をもとに、1927年に付けられました。また、長谷部とともに発掘調査を行った山内清男《やまのうちすがお》氏は円筒土器を前期の下層式と中期の上層式に、さらに下層式を4型式、上層式を2型式に分類しました。

その後、慶応大学の江坂輝也《えさかてるや》氏によっても県内の遺跡発掘で得られた資料をもとに円筒土器の変遷が研究されました。

それまでの研究成果を踏まえ、円筒土器はもちろん、その文化的な内容について集大成を行ったのは長年にわたり本県の考古学研究を指導してきた弘前大学名誉教授村越潔《むらこしきよし》氏でした。1974年に執筆、刊行された『円筒土器文化』は現在でも本県の縄文文化研究の基礎となるものです。なお、円筒土器は現在、前期の下層式5型式、中期の上層式5型式の10型式に分類され、その変遷が考えられています。

円筒下層式は単純な筒形と縄目の模様の多様さが特徴です。縄目の模様は約70種類ほどあり、現在わかっている縄文時代の縄目の模様の8割ほどが使われています。単純なものから、使われている縄の種類が簡単には復元できない複雑なものまで様々な種類があります。また、土器の粘土には植物質の繊維が入れられています（図②）。

円筒上層式になると土器の縁は大きく波打ち、その頂点付近には立体的な突起が見られるように

図①　菅江真澄のスケッチ『すみかの山』

図②　円筒下層式土器（三内丸山遺跡）

図③　円筒上層式土器（三内丸山遺跡）

なります。土器の上半分には粘土紐を貼り付けた模様が描かれるようになります。加えて下層式にはあまり見られなかった皿や浅鉢、注ぎ口が付いた器も作られるようになります。

その一方、縄目の模様は主に下地に用いられるようになり、種類も少なく、複雑な撚りの縄が見られなくなります。また、土器の粘土には繊維が入れられなくなり、砂が混ぜられるようになります。

上層式の終わりの頃になると、粘土紐で描いていた模様は先のとがった棒で描いた「沈線《ちんせん》」による線描きの模様に置き換わります。沈線はそれまでの円筒土器ではほとんど使われなかった手法で、徐々に円筒土器らしさが失われていく様子がわかります（図③）。

土器は焼けた痕やスス・おこげなどが内面や外面につくことから、土鍋のようにして煮炊きに使ったと考えられます（図④）。

円筒土器では、高さ20㎝から40㎝ほどの普通サイズの土器には、内面の底付近におこげがつくことが多いので、長時間煮込む料理（シチューのようなもの）を作っていたと考えられます。ただし、高さ50㎝を越えるような大きな土器にはススなどがあまりつかないので、使用回数が少なかった（まつり等の特別な場で使用？）か、用途が違っていた可能性（植物などのあく抜きや煮沸？）があります（図⑤）。

円筒土器文化の主な範囲（円筒土器文化圏）は、本県を中心に北海道の石狩低地を北限とし、本州では秋田市と盛岡市を結んだ線より北側と考えられています。前期と中期では分布範囲には大きな違いはないように思われます。しかし、中期には北海道の礼文島や能登半島などでは本来の分布範囲から遠く離れて円筒土器やその影響を受けたと見られる土器が出土していることから、一時的に円筒土器文化の影響が広がっていたのかもしれません。

また、円筒土器文化圏内においては、現在の地域区分（青森県でいうと津軽・下北・南部）におおむね相当した土器の差違（地域性）が円筒土器成立当初から見られます。ただし、円筒土器の範ちゅうを逸脱しない程度であったことから、津軽海峡を挟んで密接な交流があったことも考えられます。

一方、円筒土器文化圏の南側には仙台湾を中心に大木《だいぎ》式土器文化圏が広がっており、円筒土器文化とは互いに影響を受けながらもそれぞれ個性的な文化を形成していました。

円筒土器文化は他地域と比較して、早い段階から拠点集落が見られるとともに、集落の構成、住居や墓などの各施設の配置、そして道具類などにさまざまな特徴が見られます。土偶が多いこともそのひとつです。また、円筒土器文化特有の石器も出現します。

円筒土器文化の研究は主に青森県に所在する遺跡の発掘調査の成果によって進展してきました。青森県及び北海道・岩手県・秋田県の４道県で進めている縄文遺跡群の世界遺産登録はその成果をもとに進められているわけです。そして、４道県で進める大きな理由は、この円筒土器文化のように縄文時代においては共通の文化圏を形成していたことにあります。

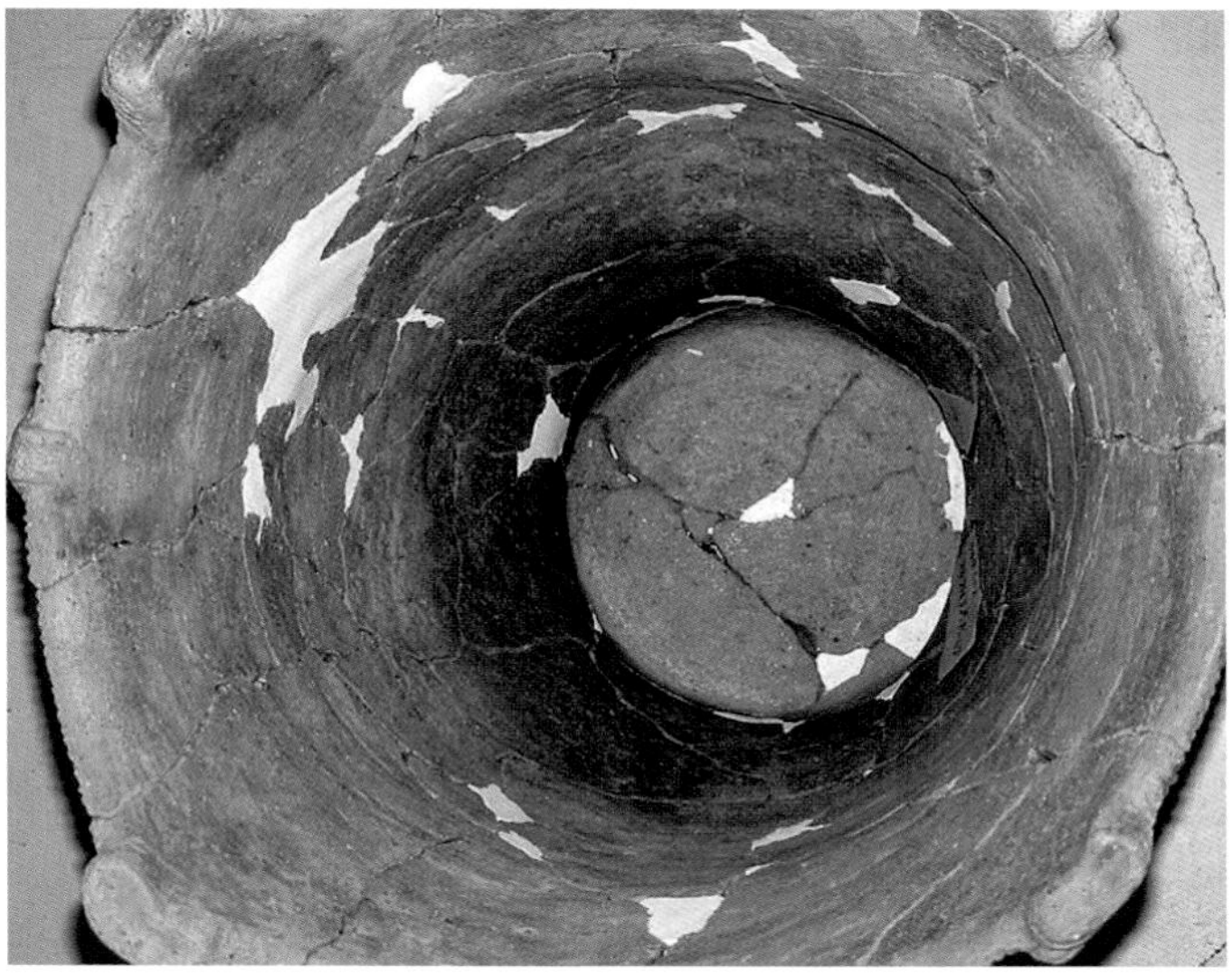
図④　土器内面の使用痕跡（三内丸山遺跡）

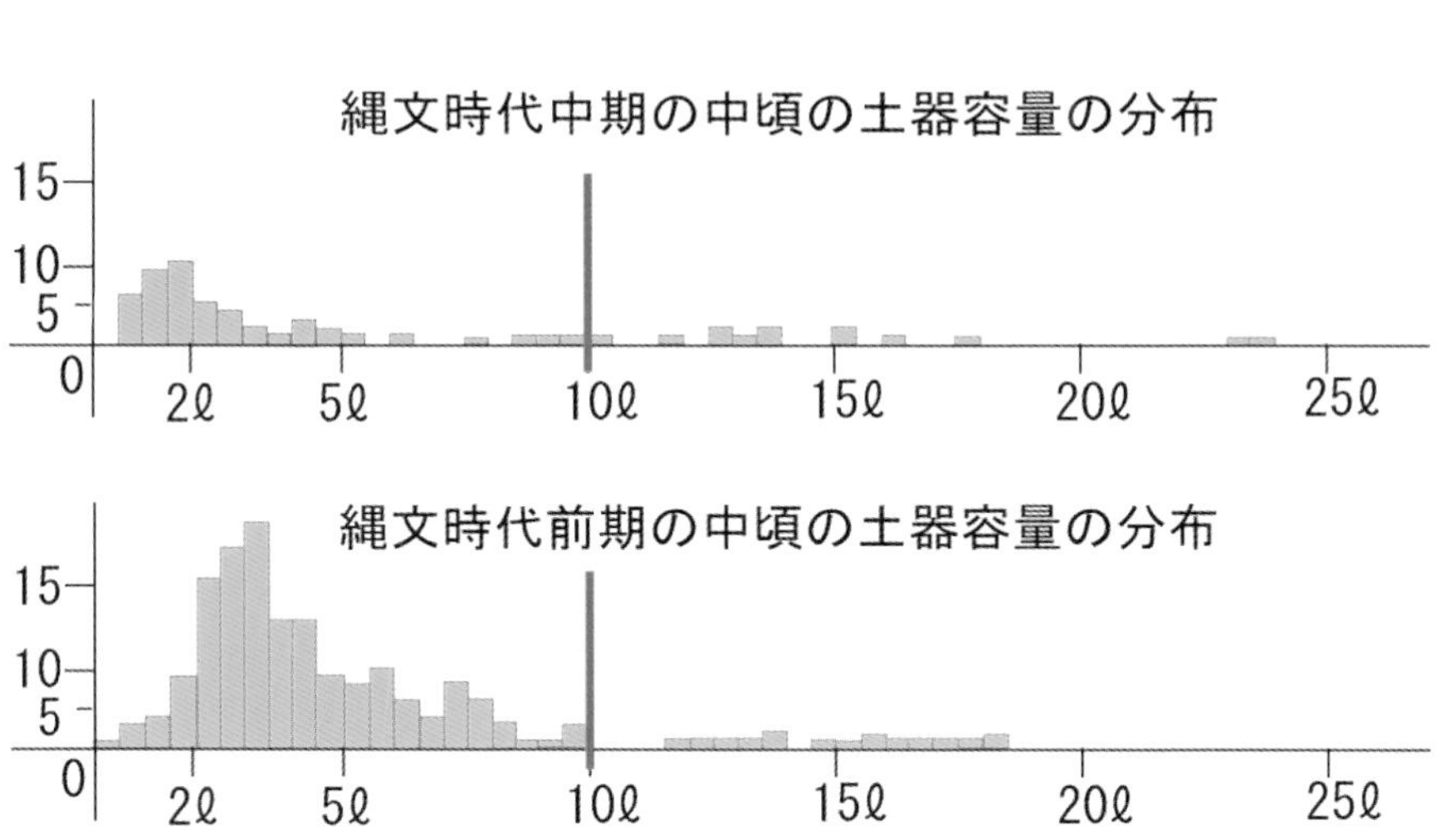

図⑤　土器容量グラフ図

集落

岡田康博

移動に適さない土器の出現とともに定住は始まりました。しかし、その成熟には長い時間を必要としました。

最古の土器が出土した、定住開始期の居住地と考えられている大平山元遺跡（外ヶ浜町）では（図①）、本格的な竪穴建物などの遺構が見つかっておらず、石器に適した頁岩が豊富な河川が近くにあることから石器製作やサケの捕獲などのために、一時的な滞在ないしは短期の居住地と見られています。

温暖な気候が続いた海進期の早期には定住が進展し、多くの集落がつくられるようになります。長七谷地貝塚（八戸市）は大きな内湾近くの丘陵上に立地する貝塚を伴う集落です（図②）。当時温暖であったことを示すハマグリが出土するとともに活発な漁労活動を示す道具類が出土しました。

前期中頃に成立し、中期後半まで続いた円筒土器文化では多数の集落遺跡が見られます。田小屋野貝塚（つがる市）は海進期に形成された古十三湖に面した丘陵上に立地する集落跡です（図③）。日本海側では貝塚が少なく、希少な遺跡と言えます。ベンケイガイを利用した貝輪がつくられていたものと考えられ、交易品として北海道に供給された可能性があります。二ツ森貝塚（七戸町）も海進に伴い、内陸深く入り込んだ小川原湖に続く湖沼群を見下ろす丘陵上に立地する、東北地方有数規模の貝塚を伴う集落遺跡です（図④）。貝塚は上層と下層では貝の種類が違うなど海退に伴う環境の変化があったことがわかります。

中期になると地域を代表するような拠点集落が出現します。その代表的な遺跡が三内丸山遺跡（青森市）です（図⑤）。三内丸山遺跡では前期中頃にはすでに集落が形成されていました。竪穴建物の他に墓域もあり、貯蔵施設や精神性の高い捨て場もつくられました。中期に入ると集落は一気に大規模化し、周辺集落を凌駕する規模と内容を誇るようになります。大型掘立柱建物や盛土など前期には見られないような施設も作られます。

もうひとつ注目されるのは集落の形成と環境との関係があります。集落が形成される前は一体がブナやミズナラなどの落葉広葉樹林の森林でした。しかし、集落が出現すると同時にクリが増加し、徐々にミズナラが減少していることが辻誠一郎東京大学名誉教授らの研究によって明らかとなっています（図⑥）。つまり意図的にクリ林がつくられていたものと言えます。このクリ林は集落が存続する間は大きな変化がありません。当時人々はクリを食料として重要視していたようです。さらに維持管理も行っていました。

クリは成長が早く、食料以外にも建築材などとしても利用されていましたのでクリに支えられたといっても過言ではありません。なお、北海道に

図①　大平山元遺跡全景（草創期）

図②　長七谷地貝塚全景（早期）

図③　田小屋野貝塚貝層断面（前期）

図④　二ツ森貝塚貝層断面（前・中期）

図⑤　三内丸山遺跡全景（前・中期）

はもともとクリはないとされており、縄文時代に本州から搬入されたものと考えられます。クリの搬入とともに道南地域では集落数が増加する傾向がみられるようになります。

円筒土器文化には関東地方に見られるような明確な環状集落はありません。地形的に見ても十分に環状集落をつくる広さが確保できるにも関わらず、各集落では各施設が直線状や列状に配置される特徴があります。このような集落は前期の終わり頃から目立つようになり、地域を代表するような拠点集落に多く見られます。この地域独特の世界観があったものと考えられます。

後期に入ると寒冷化の影響のためか拠点集落はやがて見えなくなります。集落は小型化し、拡散や分散する傾向が見られます。それと同時に小牧野遺跡（青森市）のような大型の環状列石が出現します（図⑦）。環状列石は石を環状に配置したもので、共同墓地であり、祭祀・儀礼の場所でした。環状列石そのものを集落とする見方もありますが、居住施設である竪穴建物が極端に少ないなど、日常的な集落とは考えにくいとされています。環状列石の維持管理は単独の集落ではできないため、周辺に所在する複数の集落によって支えられたものと考えられ、地域社会の成熟を示すものでもあります。

晩期でも大森勝山遺跡（弘前市）のように環状列石はつくられました（図⑧）。また、多くの墓が確認できる亀ヶ岡遺跡（つがる市）のような共同墓地も顕著となりました（図⑨）。そして集落の典型として是川中居遺跡があります（図⑩）。

このように多くの集落は食料を確保しやすい環境を考慮して選地されています。海進期には比較的海岸に近い段丘や丘陵上に集落は作られています。また、内湾やそれに続く湖沼群など水産資源が確保し易い立地環境が選ばれています。内陸部では河川近くに立地し、遡上するサケ・マスを利用できる場所であったと考えられます。

一方、クリやクルミ、山菜やキノコなどが実る森林も後背地には広がっていました。もちろんそこに生息する動物も食料の対象となりました。

もちろん、津波や土砂崩れなど災害を回避する場所に集落がつくられたことは言うまでもありません。食料の安定した確保と生活の拠点となる集落の立地とは密接な関係がありますが、精神的な理由で選地する場合も少なくなかったと思われます。

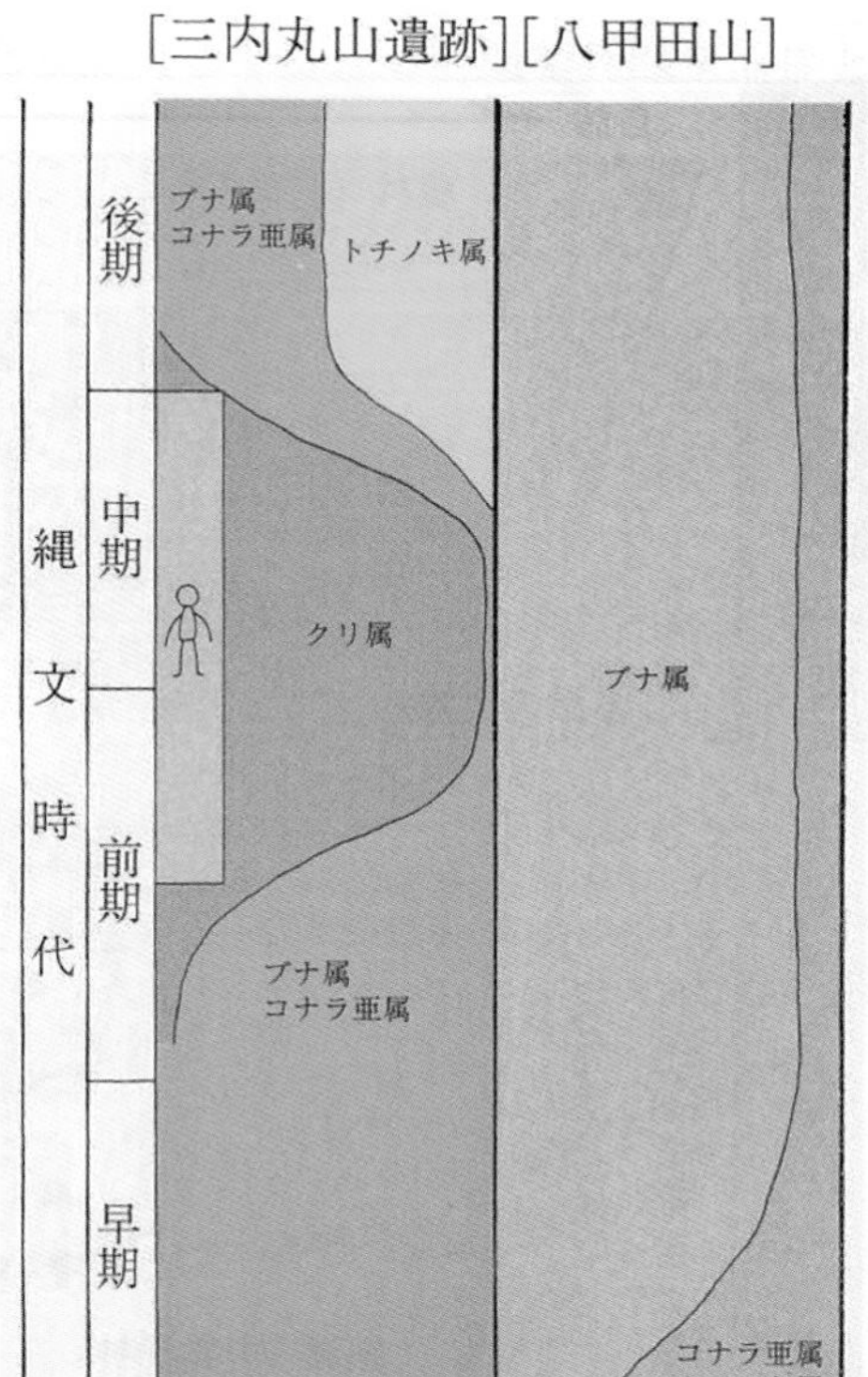

図⑥　クリと集落の関係模式図

図⑧　大森勝山遺跡全景（晩期）

図⑨　亀ヶ岡遺跡土坑墓（晩期）

図⑩　是川中居遺跡竪穴建物跡検出状況（晩期）

図⑦　小牧野遺跡環状列石内組石（後期）

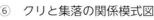

竪穴建物

岡田康博

縄文時代の建物には竪穴建物、高床建物、平地建物などがあります。中でも地面を掘り上げて床を造る半地下式の構造である竪穴建物は縄文時代全般に見られる、最も典型的な建物です（図①）。竪穴建物は造られた時代や地域によって、平面形や炉の有無、柱配置などにそれぞれ特徴があり、土器と同じように変遷が見られます。

　三内丸山遺跡ではこれまでに約８００棟を越える竪穴建物が確認されています。前期中頃（約５５００年前）、集落が造られた当初の竪穴建物にはほとんど炉が見あたりませんが、前期後半（約５３００年前）には床の中央に炉が造られています。平面形も長方形の近いものから楕円形や円形のものが多くなります。柱の本数も増える傾向が見られます（図②）。

　集落は中期中頃（約４５００年前）にもっとも拡大しますが、その時の竪穴建物は床面積が約９㎡程度で、他の遺跡に比べて比較的小型のものが多いという大きな特徴があります（図③）。現在、三内丸山遺跡ではその時代の代表的な竪穴建物を復元（立体表示）しています。当時の図面や絵がありませんので、発掘調査で得られた情報や民族例に基づいての推定であり、ひとつの仮説ということになります。

　土屋根（土葺き）（図④）、茅屋根（図⑤）、樹皮屋根（図⑥）と三種類の復元が行われていますが、これは竪穴建物の大きさ、柱の太さや本数などの違いに着目して、全体の構造を検討したことによります。例えば土屋根はカヤ葺きに比べて相当の重さとなりますので、当然柱は太く、本数も多くなると考えられます。同時代の集落に屋根の構造が違う竪穴建物が混在することに違和感がないわけではありませんが、実際に民族例では見られます。

　縄文時代の竪穴建物と言えばカヤ葺きをイメージしますが、発掘調査ではその証拠が明確にあるわけではありません。確かに竪穴建物の中からはカヤやススキ、ササなどと考えられるイネ科植物の炭が出土しますが、量は少なく、とても屋根や壁を全てカヤ葺きにしたとは思えません。どこか一部に使われていたと考えるのが普通です。

　当時の竪穴建物について多くの情報をもたらしてくれるのが実は火災建物です。縄文時代以降、火災にあった竪穴建物が各地で多数見つかっており、それらの多くは不慮の火災というよりも故意に燃やされたものと考えられています。

　それらの調査所見では、土屋根であった可能性

図①　竪穴建物検出状況（中期）

図②　竪穴建物（前期）

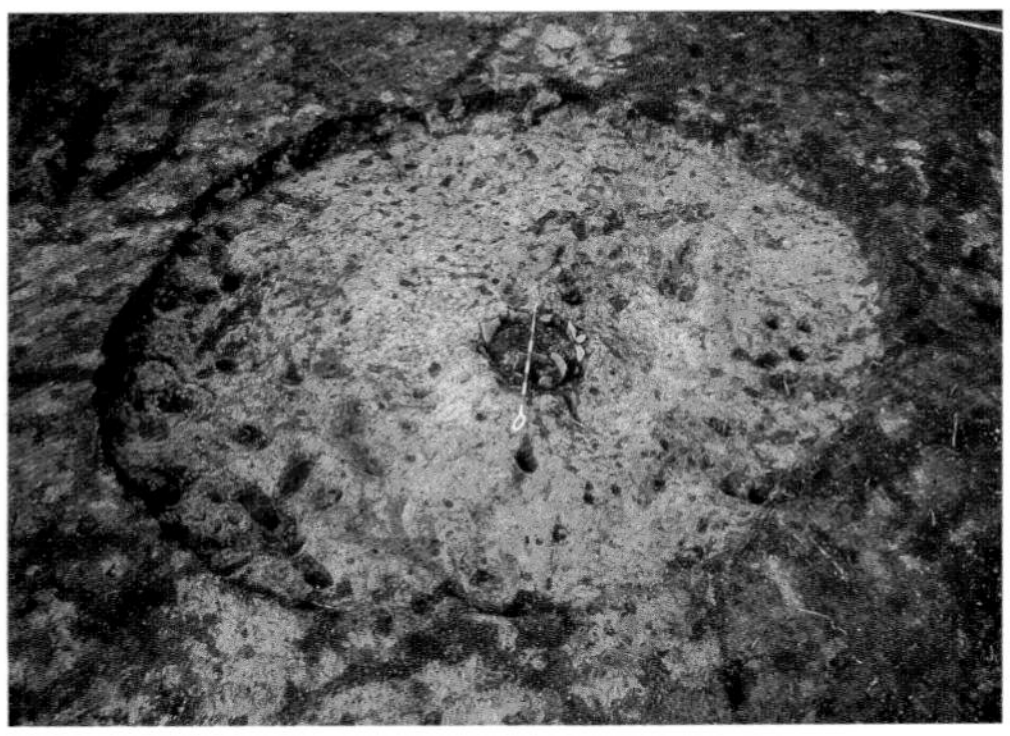

図③　竪穴建物（中期）

図④　土屋根建物

図⑤　茅屋根建物

図⑥　樹皮屋根建物

が高いことが指摘されています。床を掘った際の土を屋根に盛り上げたらしいのです。カヤは下地として使われたことが考えられます。土屋根は東アジアでは一般的であることを民族学者の大林多良さんは以前から指摘していました。北アメリカの先住民の竪穴建物にも土屋根が見られます。中国東北部内モンゴル自治区にある興隆溝遺跡では土屋根であることが確認されています。

　規模が大きく、長さが10ｍを越えるものは大型竪穴建物と呼ばれています（図⑦）。東北地方を中心に圧倒的に東日本に多く分布しますが、最近では和歌山県でも見つかっています。

図⑦　大型竪穴建物跡（前期）

　大型竪穴建物の場合、規模はもちろんですが、炉が複数あることや建て替えの痕跡が頻繁に見られるなどの特徴があります（図⑧）。平面形も細長い楕円形や隅が丸い長方形に近いものが多く、長さに対して幅が狭いものについてはロングハウスといった呼び方もあります。ロングハウスは幅が10ｍ以上のものがないことは、当時普通に手に入れられる木材の長さによる制約を受けたことが考えられます。その代わり、長くすることによって広い面積を確保することができたわけです。

図⑧　大型竪穴建物跡（中期）

　作られた目的や用途ですが、共同の作業場、冬期間の共同住宅、未婚の若者達が暮らす若者宿と言った説から、劇場や客人をもてなす迎賓館までさまざまあります。当初は多雪地帯から多く見つかったことから雪との関係が考えられましたが、雪が多くない地域からの発見例も増えています。集落の中央に作られる場合にはやはり公共の目的で作られたものと考えられ、集会所などの目的が考えられます。また、どこの集落にもある施設ではなく、大規模な集落や拠点的な集落から見つかる場合が多いと言えます。

　三内丸山遺跡で見つかっている中では、最大のものは長さ約32ｍ、幅約9・8ｍ、床面積は約270㎡もあり、日本最大級のものです（図⑨）。

　集落が出現した当初から大型竪穴建物は作られており、集落が大きくなるにつれて規模も大きくなり、最も集落が拡大するときに大型竪穴建物の面積も最大となります。集落と大型竪穴建物の規模は連動している可能性がありますので、大きさは集落の人口と関係するのかもしれません。

　このような大型竪穴建物を作るためには多くの労力を必要とします。しかも効率よく、協同して作業を行うためには当然ながら作業を指揮・監督する人間や、建築の技術や知識に詳しい人もいたのかもしれません。いずれにせよ、大勢で協力して作業ができる社会であったことがわかります。

　大型竪穴建物などの大規模な施設の出現は定住生活が一層成熟したことを示しており、拠点な集落の様子や役割を考える上で重要です。

図⑨　復元大型竪穴建物

大型掘立柱建物跡

岡田康博

三内丸山遺跡で、特に多くの見学者が注目するのが直径約1ｍのクリの巨木を柱として使った大型掘立柱建物です（図①）。三内丸山遺跡が全国的に注目され、その後の縄文ブームの到来や現状保存されるきっかけとなった重要な発見であり、また、復元を巡って形状や用途について様々な見解があり、論争ともなりました。（図②）

平成6年7月、調査区の北西端から太い柱の大型掘立柱建物跡が見つかりました（図③）。等間隔に3個ずつ2列に整然と並んだ6個の柱穴が確認できました。誰が見ても6本柱の長方形の構造物であることは明らかでした。柱穴も大きく、深さも縄文時代には2ｍ以上あったことがわかりました。そのうち1基の柱穴からはすでに木柱が顔を出しており、計測したところ直径85㎝でした。地面の中に埋まっていたとは言え、数千年経過し、細くなってはいましたが、元々は直径1ｍ近くの木柱と考えられました。材質もクリであることが直ちに確認されました（図④）。

図①　復元された大型掘立柱建物

図②　さまざまな復元案

図③　大型掘立柱建物跡（中期）

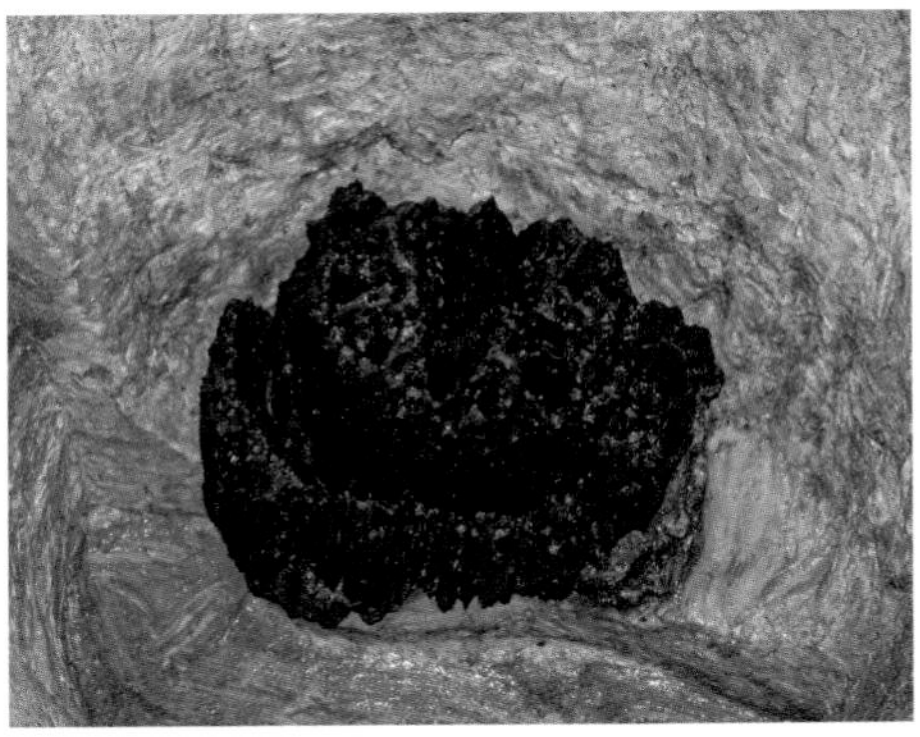

図④　クリの木柱

この時点で、全く調査をしていない柱穴が3個あり、これらについてはさらに慎重に調査を進めることにしました。柱穴を5㎝ずつ掘り下げ、そのたびに柱の痕跡の平面図を記録しました。もし、柱が傾いているならば柱の痕跡も掘り下げるたびにその位置が少しずつ変化するはずです。その結果、木柱は互いに少し内側に傾いている「内転《うちころ》び」であることが確認されました（図⑤）。さらに木柱の位置にも特徴があることがわかりました。柱穴はほぼ円形ですが、木柱はその柱穴の中央ではなく、北側の列は柱穴の北側の壁に近い位置に、南側の列は南側の壁に近い位置に据えられていました。中には壁に接しているものも見られました（図⑥）。おそらく、加重を受けた際に木柱がずれて動かないようにするための工夫と考えられました。柱穴の埋め土にも特徴がありました。通常は柱穴を掘り上げた際の土がそのまま埋め土に使われますが、この大型掘立柱建物跡の埋め土には黒土は全く含まれず、粘土質に近い火山灰と砂が混じっており、非常に堅くしまっていました。そのために使用している移植ベラの先が簡単には刺さらないほどでした（図⑦）。

柱穴全部に木柱は残っていましたが、東側の2本は残り具合がよくありませんでしたが、他の4本は底部近くの一部が良い状態で残っていました。これは地下水に浸されていたところのみが残

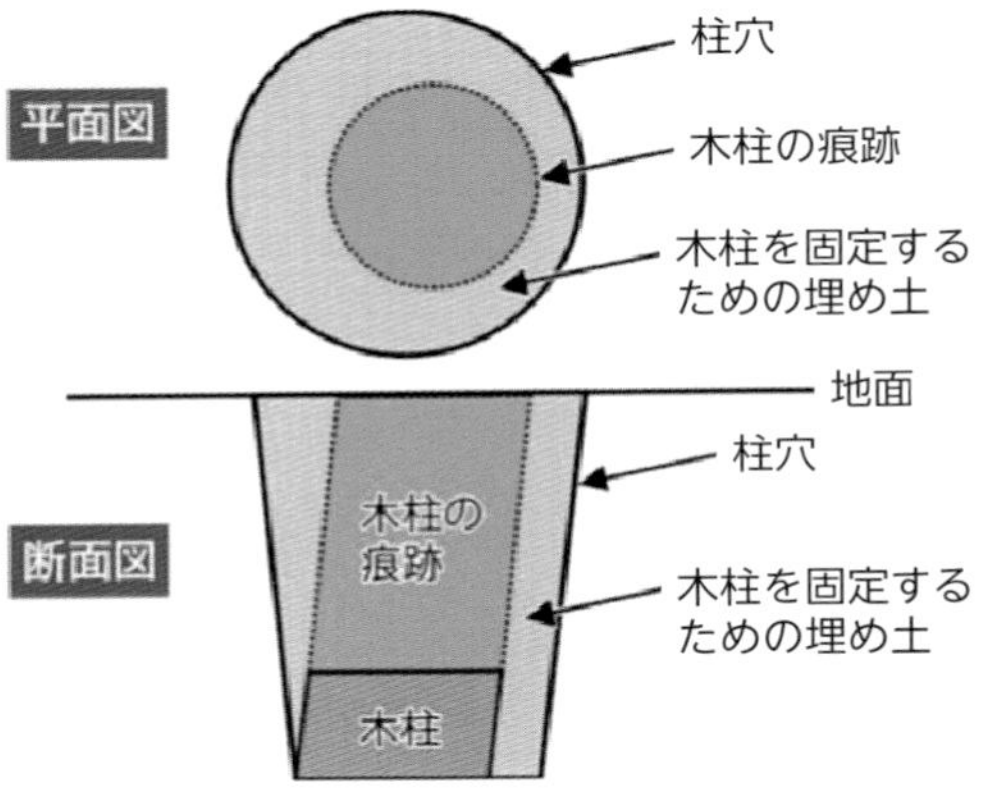

図⑤　柱の傾き

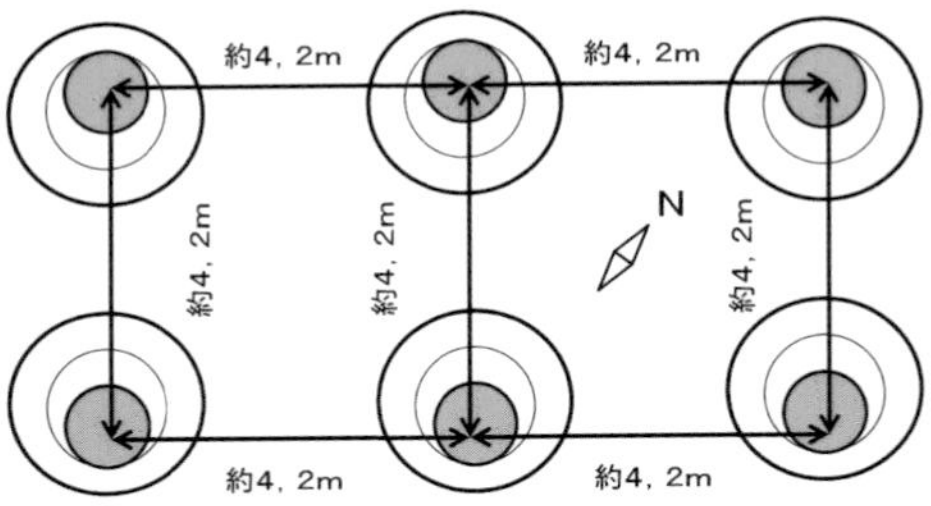

図⑥　柱配置の模式図

り、それより上の部分は分解が進み残らなかったものと考えられました。この地点は比較的地下水位が高かったことが幸いし、木柱が残っていたようで、まさに偶然の産物でした。木柱の底面には石斧によって平らに加工した際の痕跡がきれいに残されていました（図⑧）。また、木柱の周囲や底には焦げているところが何カ所も確認され、焦がすと腐りにくいことを縄文の人々は知っていた可能性があります。

発掘調査の結果から、三内丸山遺跡で見つかった太い木柱は相当の高さと重量のある大型の構造物の一部と考えられました。しかし、全体の形や何の目的のために作られたのかについては建物説と木柱説（非建物説）など様々な意見がありました。

そこで、地下に残されたわずかな情報を手がかりに大手ゼネコンの大林組と協同でさらに土質工学的な調査を行うことにしました。このような調査が縄文遺跡で行われるのは初めてのことでした。

柱穴の底面は、上の構造が建物であるにしろ木柱のみにしろ、その荷重と木柱の重さが土に伝わり、物理的・力学的変化を受けます。そこで木柱直下の土と木柱の影響を受けていない柱穴と柱穴の中間の土を比較することによって、その違いから過去にどの程度の荷重を経験したのかを推定するものです。

土の硬さや締まり具合を調べる標準貫入試験では木柱底部とそれ以外の土では1㎡あたり6～10トンの違いがあり、それだけの荷重がかがっていたことが考えられました。また、土に荷重がかかると土中の水分がぬけ、含まれる水分量が減少します。その量を測定することによってかかった荷重を推定するものです。これによると1㎡あたり16トンの荷重がかかったものと推測されました（図⑨）。

これらの結果を直径1mのクリの木柱の底面積に置き換えると7・8～12・6トンとなり、クリの1mあたりの重量を0・55トンとすると木柱の長さは約14～23mと考えることができます。これは太さが上から下まで同じとした場合です。実際は上が細くなりますので、下で太さ1m、上で60㎝の木柱と考えると長さが25m以上のそれこそ巨木となります。しかし、柱穴の深さは3mを越えることは考えられず、しかも互いに少し内側に傾いていることを考えると木柱単独では自立していることは到底考えられません。お互いが連結されていればこそ建っていることができ、それは建物以外を想定することは困難と言えます。

現在遺跡にある大型掘立柱建物は建物として復元していますが、まだ建設中ということにしてあえて屋根は付けないこととしました（図⑩）。なお、最上階からは当時の海岸線と遠くに岩木山を望むことができます（図⑪）。

図⑦　堅く締まった柱穴の埋め土

図⑧　木柱底面の加工痕

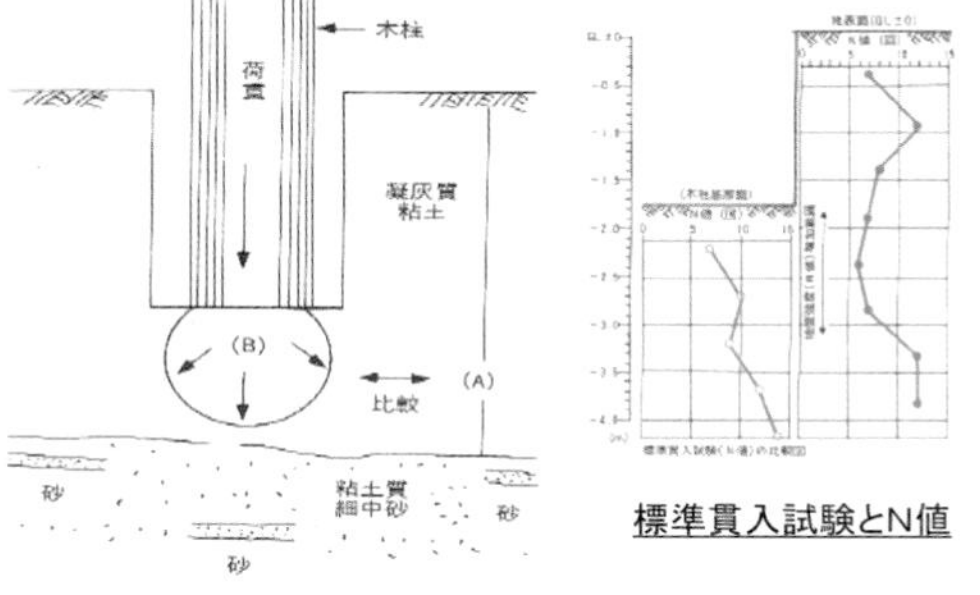

図⑨　土壌試験

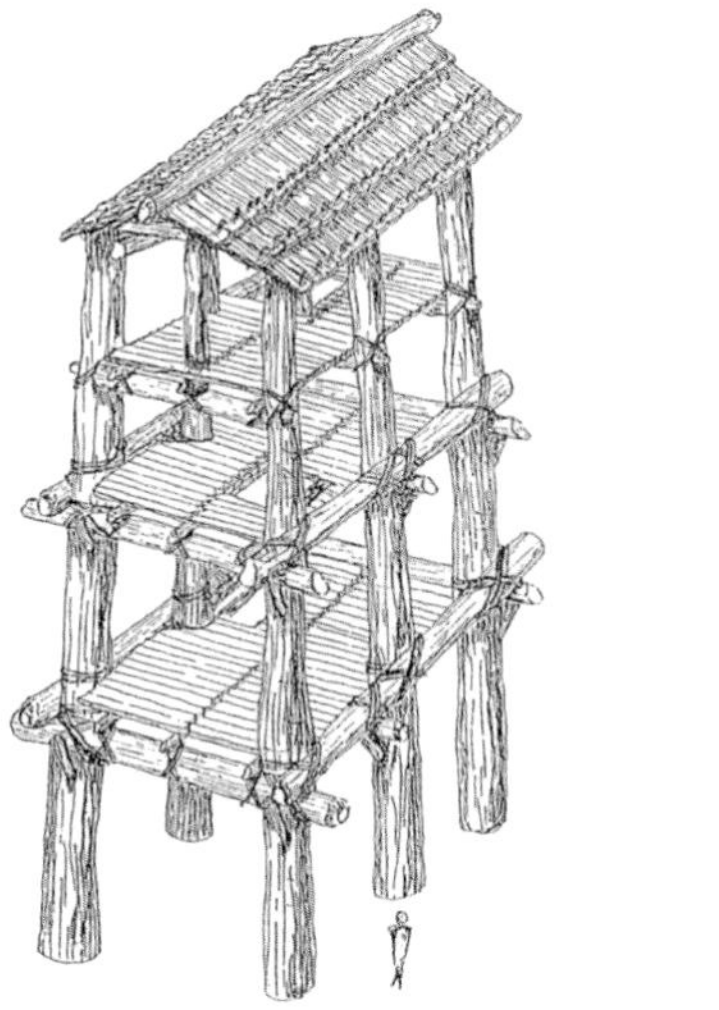
図⑩　復元案

図⑪　大型掘立柱建物から見た岩木山

盛土

斉藤慶吏

盛土《もりど》は、縄文時代の人々が土や生活の中で生じた不要物を意図的に同じ場所に繰り返し捨て、地形が大きく変わった場所のことを指しています。古墳のように、特定の形を目指して作られるものではなく、結果的に出来上がった形を現在目にしていることになります。しかし、函館市垣ノ島遺跡は「コ」の字の形の形状を意識していた可能性が考えられています。

北海道南部から北東北にかけては、前期から中期（約5900年前から4800年前）の円筒土器文化期から検出例が増加します。青森県内でも三内丸山遺跡（青森市）、二ツ森貝塚（七戸町）など、規模が大きく、存続期間も長い、地域を代表するような拠点的な集落から見つかる場合が多いようです。

図①　発掘中の南盛土

三内丸山遺跡では、現在、北・南・西の3カ所から盛土が確認されています。土を意図的に捨てるということでは同じですが、それぞれの特徴に違いがあることもわかってきています。北盛土や南盛土は台地の上のほぼ平坦面に作られ、その場所が周りより高くなり、盛り上がっています（図①）。しかし、西盛土は斜面に作られており、地形の起伏は目立ちません（図②）。

当時の人々は地面を掘ってさまざまな施設を作っています。竪穴建物が代表的なものですが、最近では屋根に土をかぶせた、土屋根の構造だったと考えられています。復元実験では、竪穴建物を掘った土だけでは不足するとの所見もあり、ここから不要な土が多く出たとは思えません。また、墓を掘った際の土も埋葬後の埋め戻しに使われたと考えられます。このことをふまえれば、盛土に捨てられた大量の土は、大型竪穴建物や道路、貯蔵穴、掘立柱建物の柱穴などを掘削した際の残土や廃土などが候補に挙げられます。しかし、盛土の規模から見て、到底それだけでは不足で、斜面を削ったり谷を広げるなど、大規模な土地の改変との関係も考える必要があります。

図②　西盛土

盛土と似た遺構に貝塚があります。貝塚も人々が生活を営んだ際に生じたゴミなどの不要物を、一定の場所を捨て場と決め、そのルールに従って継続的に廃棄した場所です。

貝塚からはしばしば人骨が出土したり、盛土からは埋設土器（子供の墓）が多量に見つかることから、両者には墓地という側面もあったようです。また、三内丸山遺跡では、土偶（図③）や装身具、ヒスイの玉、ミニチュア土器など、日常の生活必需品ではない道具が多量に見つかっています（図④）。このことから、単なるゴミ捨て場ではなく、あの世へ送る、生活道具などは自然へ還すといった精神的・祭祀的な思いが込められた場所だった可能性があります。

盛土の調査では、複雑な地層がどのような順序で堆積したのか、正確に捉える必要があります。遺物の出土状態に注意しながら、それぞれの地層のまとまりごとに土を掘り下げます。盛土の土を

図③　出土した土偶頭部（中期）

よく観察し、色の違いや硬さ、混入物の内容を詳細に調べることも重要です。

西盛土の地層には、炭化物や骨片などを含んだ層が10㎝程度の厚さで、平坦に堆積している箇所とロームの塊を多く含んだ層が50㎝を超える厚さで堆積している箇所がみられます。前者には、埋設土器（子供の墓）とともに焼け土の層が集中していますが（図⑤）、後者には、墓や焼け土はほとんどみられません。混入物の内容も乏しく、一度に大量の土が運ばれ、捨てられたような特徴を示しています。

層と層の間には、時間的な断絶が含まれているので、竪穴建物跡や墓などがないか、慎重に調べます。住居跡の床面は硬くしまった状態になっていることが多いため、周辺よりも硬くなった土の広がりがないか、時には土壌硬度計などの器具を用いて確認することもあります。

地層に含まれる混入物は、廃棄の内容を知る貴重な情報源です。盛土にはロームの塊が多く含まれていますが、その形状は、角がとれて丸みのあるものや潰れているものなど様々です。これらは、堆積の過程で受けた物理的な営力に伴う摩滅、人為的な攪乱や踏みしめなど様々な要因を反映したもので、その形状と分布を整理することで、それぞれの地層がどのような状態で堆積してきたのか、手がかりを得ることができます。また、最近は、土層を薄く切り取って固化させたものをX線で撮影し、土壌の構造を読み取る分析も行われています。肉眼では識別できない特徴がわかるため、より詳細な観察を可能にしています（図⑥）。

盛土は、注目されたのが新しい遺構であるだけに、まだ研究は緒についたばかりです。盛土の成り立ちや性格など解明しなければならないことは山積しています。

図④　盛土から出土したミニチュア土器（中期）

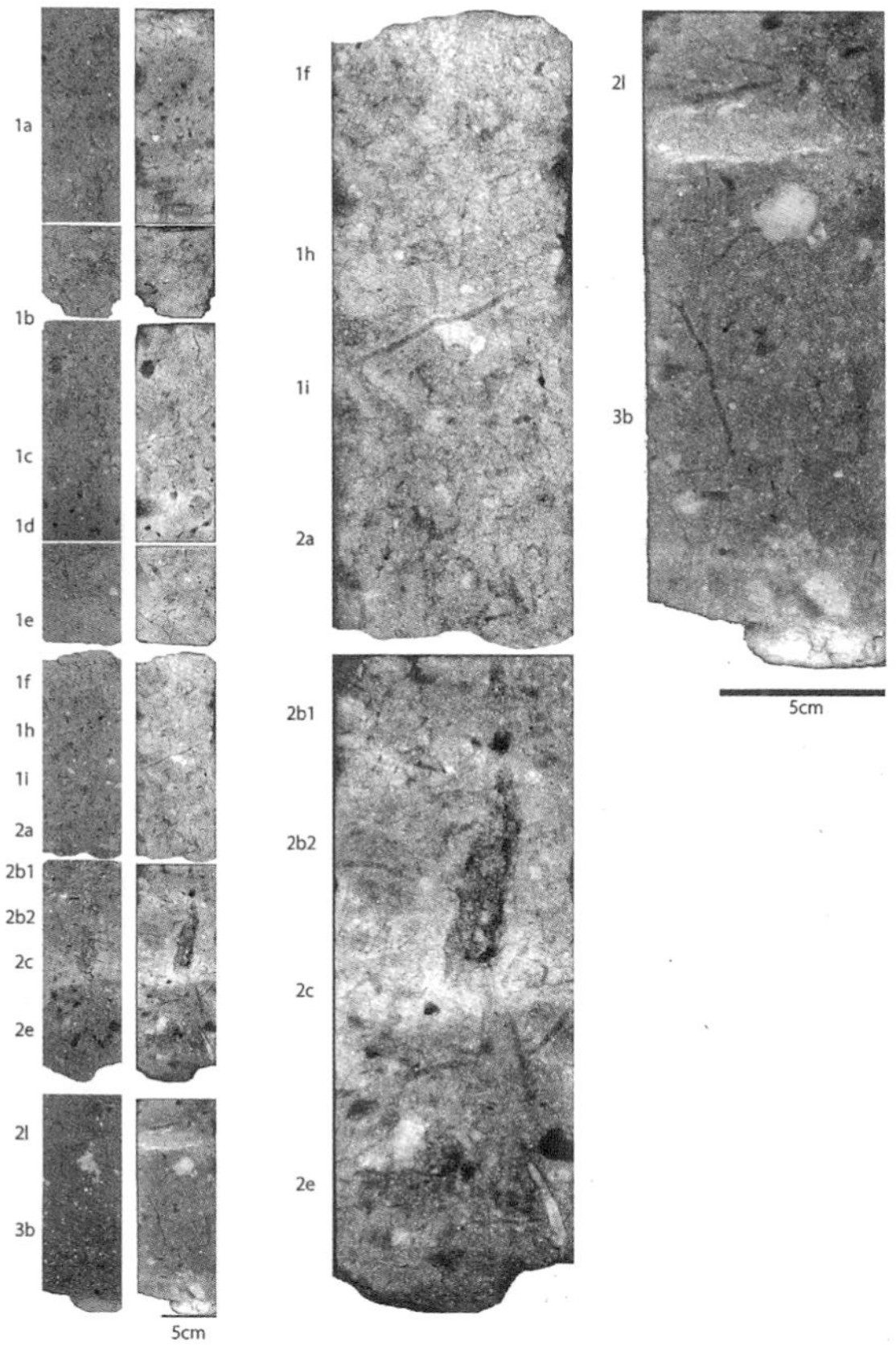

図⑥　西盛土の土層断面の軟X線写真

図⑤　盛土中の埋設土器（青い円）と焼け土（赤い円）

墓

小笠原 雅行

墓は当時の社会や死生観を知る上で重要です。人骨が出土すればその形質的な特徴や装身具などの副葬品の有無、墓の形状、集落の中での位置など、さまざまな視点で研究が行われてきました。

縄文時代の一般的な埋葬方法は土葬です。前・中期の円筒土器文化（約5900年前～4800年前）でも、大人は楕円形の墓穴である土坑墓《どこうぼ》へ埋葬されています（図①）。

三内丸山遺跡ではこれまでの発掘調査では500基ほどの土坑墓が確認されており、遺跡全体でも千基近くあるのではと思われます。これらの土坑墓のうち東西に420mにわたって延びている道路の両側に、道路と直交する向きで配置されています（図②）。道路そのものは掘削して作られ、土坑墓はその路肩の部分に作られていますが、分布には粗密が見られます（図③）。

また、狩猟用の道具が副葬された男性の墓もあれば、調理用の道具が副葬された女性の墓もあり、性別の違いではなさそうです。さらに、前期に比べ極端に多数の副葬品が入れられる墓が少ない傾向があります。三内丸山遺跡では、矢じりが10点出土したのが最多の例です。それ以外はあっても数点の例ばかりです。小型の墓からヒスイ製の装身具が1点出土していますが、墓そのものは特別なものとは言えません。

図①　土坑墓（中期）

図②　土坑墓配置

図③　道路（茶色の網掛け）に直交して並ぶ土坑墓

楕円形以外にも円形の穴から、副葬品と思われる完全な形の土器が出土する場合もあり、墓としての機能が考えられます。

三内丸山遺跡では、土坑墓の他に、土坑墓のまわりに直径4mほどの円形に石を並べた独特の形状をした、環状配石墓《かんじょうはいせきぼ》も見つかっています（図④）。

多いものでは80個以上の石が使われた環状配石墓もあります（図⑤）。石は、丸いものや細長いもので、交互に規則的に並べられた部分があります。青森市の小牧野遺跡（後期）のストーンサークルに見られるような配列と同じ並べ方です。

環状配石墓は数が少なく、他の土坑墓に比べ石を並べる分、手間がかかったことは明らかです。そのため、土坑墓に埋葬された多数の人々とは違う、特別な人々が埋葬された可能性が指摘されています。ムラの長老、狩りや漁労、建築などの際のリーダー、祭祀を司るシャーマンなど、日々の生活における先導役であり、精神的な柱と呼べるような存在の人々が候補となるでしょう。

いずれにしても、環状配石墓は三内丸山遺跡を特徴付ける埋葬方法であるとともに、社会の階層化や希少性、偏在性の意味など、大きな問題を投げかけるものと言えます。

円筒土器文化圏ではいくつか特徴的な埋葬方法が見られます。そのひとつが子供の墓です。土器の中に遺体を入れて屋外に埋葬することから埋設土器と呼ばれています（図⑥）。そもそも縄文時代では子供の墓は遺跡数に比べて墓そのものは多く見つかっていないことから一般的ではないとも考えられています。縄文時代以降でも夭逝《ようせい》した子供は必ずしも墓に埋葬されたわけではないようです。

埋設土器に使用される土器はススが付着したり、火熱を受けた痕跡が見られることから普段煮炊きに使用している土器が転用されて使われている場合がほとんどです。土器の大きさも前期にはばらつきが見られますが、中期には直径30㎝ほどのものが多く使われ、おそらくは1才前後の乳幼児の棺としての利用が考えられます（図⑦）。しかし、明らかに小型の土器もあることから埋設土器全てを子供の墓とすることについては慎重に考える必要があります。

副葬品は非常に少なく矢じりやナイフ、植物加工用の石器などが出土しています。大人の墓では副葬品の種類によって、性差や社会的立場違いが見られることが指摘されていますが、子供の墓ではそのような傾向は見ることはできません。

また、大人の墓は住居から離れて作られますが、子供の墓は住居の近くに作られる傾向があり、時代の経過とともに群としてのまとまりも顕著となり一定の墓域を形成します。それでも大人の墓地とは一緒にならないようです。これまで８００基を越える埋設土器が確認されています。特に中期に入って集落が拡大する時期のものが多く見つかっています。当時、子供の死亡率は高かったことが推測されます。

図④　並んで見つかった環状配石墓と道跡

図⑤　環状配石墓（中期）

図⑥　丸い石が入っている子供の墓（中期）

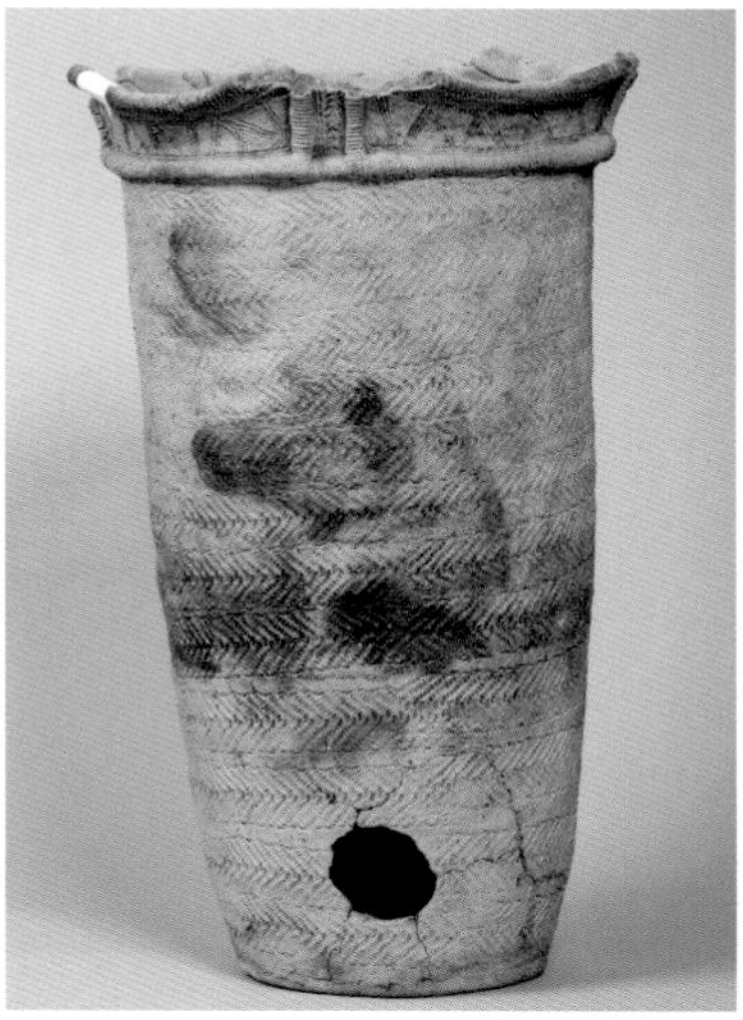
図⑦　丸い穴があいている埋設土器（中期）

三内丸山遺跡では中期の土坑墓が数多く見つかっていますが、その数は多く見積もっても千基程度では、やはり全員を墓に埋葬したと考えるには少ないと思います。しかも中期では、すべての集落に土坑墓そのものがあるわけではなさそうで、主に拠点集落と考えられる集落から土坑墓が見つかります。

墓に埋葬される特別な存在や階層化は近年取り上げられるようになってきました。確かな証拠がないものの、原始社会である縄文時代は平等な時代であると言われてきました。今のところ、突出した富や権力の集中などを示すものはないことから、一見、平等社会のようにも見えます。しかし、墓のつくりや副葬品の違いは明らかで、全ての人が平等とは単純には言えなくなってきています。

土偶

小笠原 雅行

かつて大英博物館で開催された「THE POWER OF DOGU」展には多数の来場者がありました。その展示会には、青森県内の有名な土偶も多数展示されました（図①）。

「土偶の宝庫」である青森県内では特に集中して見つかる場所があります。その代表的な場所が、三内丸山遺跡がある青森市西部です。

三内丸山遺跡では、これまで2000点以上の土偶が出土しています（図②）。これは国内最多です。土偶はその字のごとく、人形《ひとがた》を表しています。縄文時代に登場し、弥生時代になると極端に減少することから、縄文文化を特徴づける遺物の一つといえます。

しかし、遺跡を調査したとき、鍋や容器としての土器、狩猟や食料加工などの石器はよく出土するものの、土偶が出土することは必ずしも多くはありません。土偶が増える縄文時代中期の円筒土器文化の遺跡は約600カ所確認されていますが、土偶が出土したのはその10分の1程度です。また、10点以上となるとわずか10遺跡ほどです。

図①　大英博土偶展図録表紙

三内丸山遺跡を除くと、県内で円筒土器文化期の土偶は300点強見つかっていますが、その4分の1が青森市三内周辺に集中しています。三内丸山遺跡の土偶の点数がいかに突出しているかとともに、近隣も合せて土偶の集中域となっているかがわかります。

では、膨大な数の土偶はすべて三内丸山遺跡でつくられ、使われたのでしょうか。土偶の土の分析を行ったところ、分析対象のうち15％程度の土偶で土の成分が異なるという結果となりました。つまり、土偶の中には他の地域から持ち込まれたものが含まれている可能性があることになります。それがどこからなのか、今後の課題と言えます。

図②　多様な土偶

三内丸山遺跡から出土した土偶の大きさは最大32・5㎝、最小3・7㎝と多様で、大中小のつくり分けがなされているようです。脚部の破片では、最大の土偶を凌ぐ大きさのものがあり、形状に極端な違いがなく、横幅に相関があると仮定すれば、高さが40㎝を超えるとみられるものもあるようです（図③）。

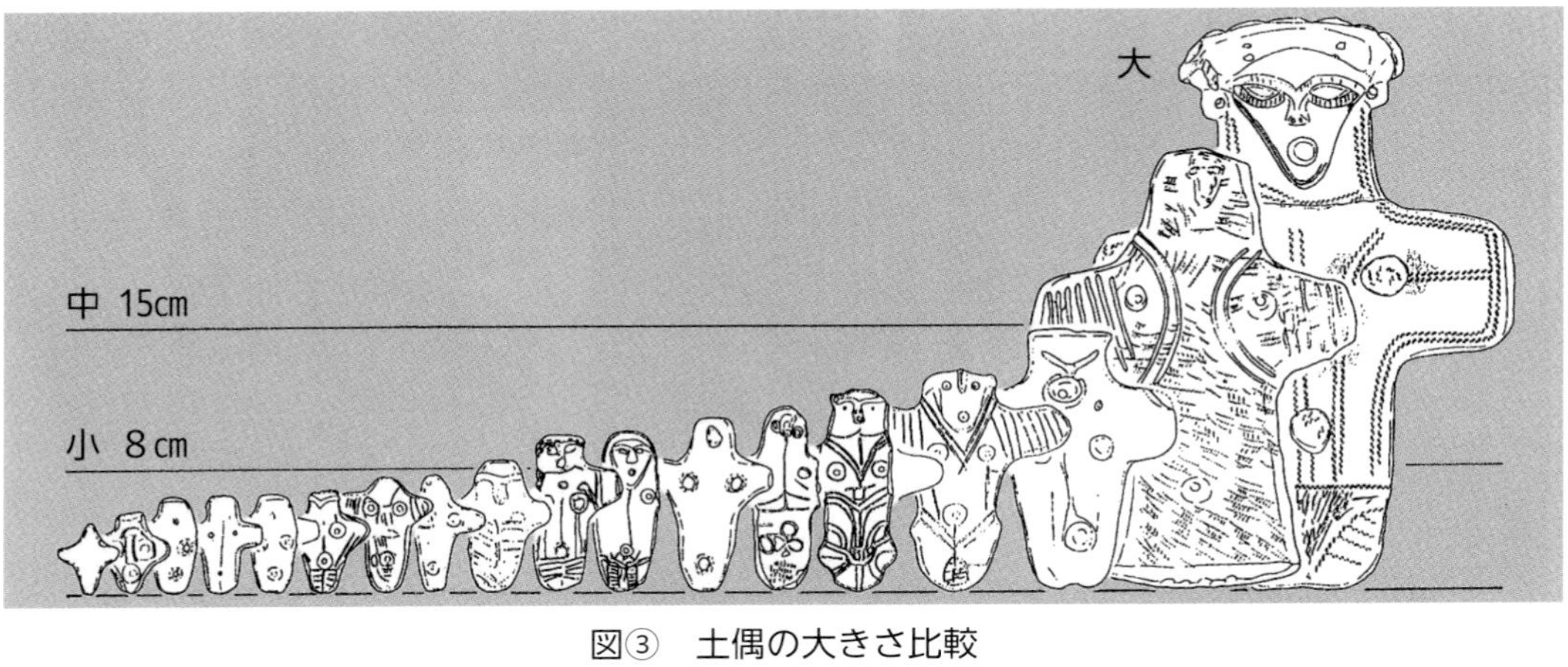

図③　土偶の大きさ比較

土偶には決まって胸（乳房）とヘソの突起があります。まれにヘソの下に女性器を表したものもあり、全国的に見ても基本的には女性をモデルにしたのは間違いないと思います。三内丸山遺跡の土偶は「板状土偶」、「十字形土偶」と呼ばれるように、扁平で奴凧のように両腕を広げた形です。単純な形状ですが、最も丁寧に作られるのは頭部です。

土偶の頭頂部や後頭部には、大仏の螺髪《らほつ》のように丸い粒が並んだものがあります。また、後頭部にはお下げ髪のように粘土が貼り付けてあるものもあります。これらは髪形を表している可能性があります。大型板状土偶の後頭部にある「8」に連続する表現もその一つかもしれません。当時も様々な髪形があり、それが土偶にも表されたのでしょう（図④）。

また、土偶の両耳の部分に、円形の表現があるものがあります。これは耳飾りを表したもの、と考えています。当時の耳飾りにはいくつかの種類があります。その一つに鼓や滑車のような形のものがあります。その表面には赤い色が塗られているものもあります。装飾性とともに、祈りや思いが込められたものかもしれません。それをピアスのように耳たぶにはめ込んで使ったと考えられます（図⑤）。

三内丸山遺跡で作られ続けた土偶の模様は、時期よってある程度決まっていますが、共通しているのは、一貫してVネック状の表現や縦の線が入ることが基本となっています（図⑥）。これは、衣服を表現した可能性もあり、縄文人の姿の一端が見えてきそうです。

土偶は希少なものであることを考慮すれば、生活必需品ではなく、精神文化に関わる道具と考えられています。後の合掌土偶や遮光器土偶など、非常に精巧につくられ、赤く塗られているものへと発展していくことを考えれば、単なる玩具ではない強い精神性が感じられます。

土偶の80％は盛土から出土しています。墓や竪穴建物からの出土は非常に少ないと言えます。盛土は土偶以外にも土器・石器、装身具類、小型土器など祭祀・儀礼に関係する出土品が多く見られますので、土偶も同様の目的で使用された可能性が考えられます。

精神文化の発達は、定住により発達・進展したものと考えられています。集団の維持・安定、傷病の回復や自然への畏怖や感謝など、願望や思いを成就するために、日常的あるいは季節などの節目ごとに様々な儀式・儀礼が行われたものと考えられます。

三内丸山遺跡では集落規模の増大や充実に伴い、精神文化も複雑化していったと思われます。その一端を支えたのが土偶です。一集落内や周辺地域にとどまらず、円筒土器文化圏の中での心の拠りどころとなった、遺跡の性格を示すものといえるのではないでしょうか。

図④　髪形を表した土偶

図⑤　耳飾りを表した土偶

図⑥　衣服の表現？土偶

ヒスイ

永嶋　豊

ヒスイは5月の誕生石であり、女性ならずとも男性をも魅了する不思議な魅力を持った宝石です。数ある宝石類の中でも、我々日本人には身近な存在ではないでしょうか?それもそのはず、日本人のルーツである縄文人もヒスイに魅了されたようです。

三内丸山遺跡の「さんまるミュージアム」に、透き通った緑の輝きがあります。まるで数千年の時を超えて、自ら発色し続けているようにも思える見事なヒスイ製の大玉（大珠）です（図①）。

ヒスイは、つい最近まで、ミャンマーからもたらされたものであると考えられていました。「都の西北」のフレーズで有名な早稲田大学校歌の作詞家である文芸家相馬御風は、古事記・万葉集の沼河比売《ぬなかわひめ》（奴奈川姫）にまつわる神話・歌をヒントに、故郷の糸魚川市姫川をヒスイ産地と考えました。それをもとに現地の人が、昭和13年に姫川支流の小滝川でヒスイを見事に発見しました。ヒスイの産地が国内であることが再認識されたのです。

その後、ヒスイの岩塊が多い一帯は「小滝川硬玉産地」として（図②）、近くの「青海川の硬玉産地及び硬玉岩塊」と共に国の天然記念物に指定され、河川部での採取は一切禁止されています。付近の海岸での採取は自由で、現在でも地元のヒスイハンターに加え、各地からやってくる老若男女の観光客がビニール袋を手に、我こそはとヒスイを真剣に探す姿を見ることが出来ます（図③）。

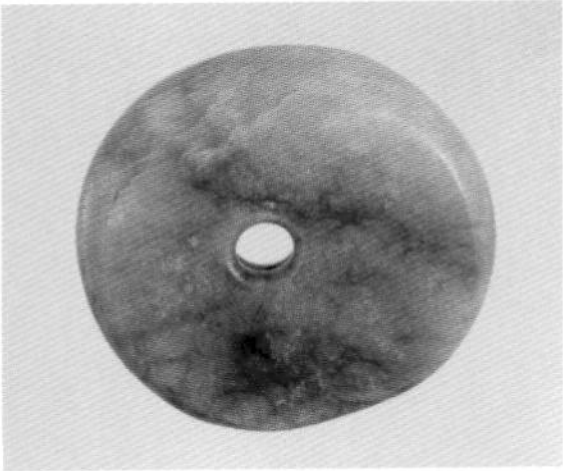

図①　ヒスイ製大珠（中期）

さてヒスイ産地は日本各地にありますが、美しく多くの量を確保出来たのは、新潟県と富山県境地域だけと考えられ、自然科学分析からも裏付けられています。糸魚川市長者ヶ原遺跡などの発掘調査の結果、縄文人は川や海岸のヒスイ原石を拾い集めて、大珠や勾玉などに加工していたことがわかっています。原石を粗割りし、細かく叩いて形を整え研磨し、穴を開けた後に、仕上げの研磨を行ったと考えられます。実は同様の技術は、ヒスイ加工の前段階に、柔らかい滑石製耳飾りと蛇紋岩製石斧の製作で用いられており、ヒスイ加工の基礎となったと考えられています。堅く重いヒスイをいつの日か、誰かがハンマーに使い始め、前期末にはこの石の綺麗な緑の部分を狙って根気強く加工して大珠が作られるようになり、中期に増加し、三内丸山遺跡を含む東日本を中心に列島各地

図②　ヒスイ峡

図③　ヒスイ海岸

へと流通しました（図④）。これは三内丸山遺跡へ東日本各地の黒曜石などが多数持ち込まれた頃でもあり、広範囲の人・物・情報の移動が活発になった時期でした。

　とても美しいうえ、堅く不変のヒスイ製大珠は希少であり、手に入れることによって力を誇示できるものでもあったのでしょう。普通一つの遺跡からは1～2点程しか出土しません。また大珠は縄文時代中期の東北地方北部～北海道南部では円形のものが好まれたようです。三内丸山遺跡ではヒスイを割った破片や途中まで穴を開けたもの（図⑤）が、隣の近野遺跡では長さ10㎝のヒスイ原石（図⑥）が出土していることから、青森県の縄文人は原石で持ち込まれた堅いヒスイを自ら加工していた可能性が高いようです。

　三内丸山遺跡では、さまざまなヒスイ製品が出土しています。そのうち小型のペンダントが1点のみ墓から出土していますが、大珠は完全な形のまま盛土から出土したり、火を受けて壊れたり、擦り切って分割されたと思われるものもあり、様々な運命を辿ったようです。大珠は縄文時代後期中葉で姿を消し、その後、主に勾玉が盛んに作られ、青森県にももたらされました。青森県の縄文人はヒスイを特に好んだようで、とても多くのヒスイの玉類が出土します。

　ヒスイ以外にも各地の文物が流通していたことがわかっています。日本海の利用は縄文時代から始まっていたのです。

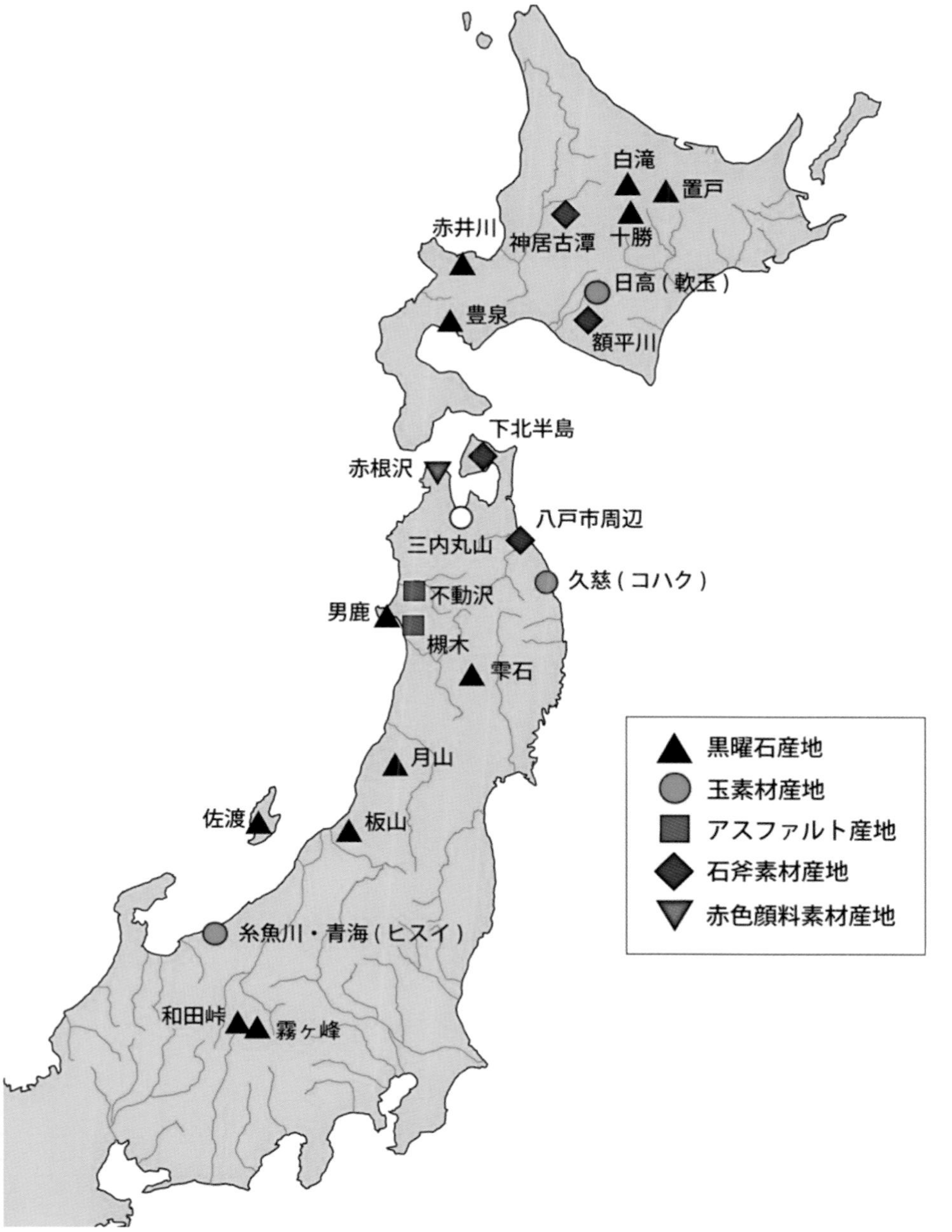

図④　交易の様子

図⑥　近野地区から出土したヒスイ原石

図⑤　加工途中のヒスイ

漆工

岡田康博

縄文時代を代表する技術に漆工があります。漆器はジャパンと訳されるほど、日本の漆工技術の高さを示す漆製品は世界的によく知られています。

現在のところ列島最古の漆製品は函館市垣ノ島B遺跡の墓から出土した赤漆の繊維製品とされています。年代測定の結果、約9千年前であることが判明しており、日本最古というよりもまぎれもなく世界最古の漆製品ということになります（図①）。

前期の三内丸山遺跡からは赤漆塗りの櫛、浅鉢、鉢、皿などが（図②）、青森市岩渡小谷⑷遺跡からは鉢や皿などの容器が出土しています。これらの中には赤漆以外にも黒漆や両方が塗られたものもあります。

野辺地町向田⒅遺跡からは突起の付いた大型の容器が出土しており（図③）、この突起の頂部にはスガイのような小さな巻き貝のふたを貼り付けた痕跡が見られ、象嵌《ぞうがん》細工のような装飾が施されていました（図④）。中期ではやはり三内丸山遺跡から容器や容器の突起、全面に赤漆が塗られた大型の壺形土器も出土しています（図⑤）。

晩期のつがる市亀ヶ岡遺跡や八戸市是川遺跡から漆器や赤漆塗り土器が出土しています。特に是川遺跡は漆器の優品が多いことで知られています。櫛、腕輪、太刀、樹皮製容器など多様です。また、細い竹や木材を編んで作った容器に漆を塗って固めた藍胎漆器《らんたいしっき》も見られ、まさに縄文漆工芸の成熟した様子を物語っています。

漆はウルシ属の樹木から採取された樹液（漆液）を塗料や接着剤として利用したものです。植物学の専門家である鈴木三男東北大学名誉教授は、日本に野生する樹木からは実用的な漆液は採れず、縄文時代以降の漆製品の漆液は栽培されたウルシの木から採取されたものと考えています。

青森県内ではこのウルシが三内丸山遺跡や岩渡小谷⑷遺跡、向田⒅遺跡から木材や花粉化石、種子が出土しており、当時の集落の周辺には栽培されたウルシがあったことが確実となっています。

その集落でウルシを栽培・管理し、漆製品を作った可能性が高いものと考えられます。

また、漆製品の製作には木工に加えて、漆液の採取、生成、貯蔵、顔料の添加、塗布、乾燥等の過程が考えられますが、三内丸山遺跡では漆液や顔料の入った土器や顔料そのものが出土しています（図⑥）。亀ヶ岡遺跡や是川遺跡からは採取した漆液から不純物を漉《こ》し取る際に使われた漉し布

図①　垣ノ島遺跡出土の最古の漆製品

図②　漆器（前期）

図③　向田⒅遺跡出土・漆器（前期）

図④　向田⒅遺跡出土・容器の把手

図⑤　赤漆土器（中期）

図⑥　赤漆入り土器（中期）

が見つかっています。これまで塗布の工具(刷毛)は見つかっていませんでしたが、是川遺跡からはその可能性のあるものが出土しています。

漆にはもともと色がありませんので、赤漆にするには赤い顔料を加える必要があります。自然科学分析などにより、これらの顔料はベンガラ(酸化鉄)と朱(水銀朱)であることがわかっています。赤色顔料の利用は古く、縄文時代以前の旧石器時代後半からすでに利用されています。ベンガラにも種類があります。赤鉄鉱など鉱物に由来する酸化鉄は、頁岩《けつがん》やチャートの中に含まれている場合があります。

県内では今別町砂ヶ森赤根沢一帯に赤鉄鉱を多く含む赤色のチャートが分布しています。地名を見ても赤に関係していることが想像できます。江戸時代には良質の顔料として採掘され、領内の神社仏閣をはじめ、日光東照宮、岩木山神社の大堂や山門の修理に赤い塗料として使われたとのことです。現在も県道側には赤色の大きな岩の塊が置かれていますし、露頭や採掘跡も見ることができます。なお、この付近は「赤根沢の赤岩」として昭和30年に県の天然記念物に指定され、保護されています(図⑦)。

遺跡からこの赤根沢産の小さな石の塊がまとまって出土する場合があります(図⑧)。三内丸山遺跡では前期後半の小型の土器の中から、この顔料の塊とそれを粉末にしたものが見つかっています。顔料を保管するための容器と思われます。この塊ですが、粉砕を容易にするため、遺跡に運び込まれた段階で加熱処理が施された可能性があります。

図⑦　赤根沢の赤岩

図⑧　ベンガラ塊(中期)

赤根沢から約14㎞離れた外ヶ浜町三厩の宇鉄遺跡からは約57kgもの大量の顔料塊が出土しており、やはり赤根沢産と考えられています。青森市教育委員会の児玉大成さんは宇鉄遺跡出土の深鉢形土器の内外面に顔料が付着していることに着目し、顔料の精製過程を考えました。それによると、まず顔料の塊を石器などで粉砕、すり潰した後、水を利用して比重や水中での沈降速度の違いを利用して不純物などを取り除き、土器を使って煮沸し発色を進めることによって純度が高く粒子の細かい粉末を得ていたとしています。

ベンガラは縄文時代全般を通じて利用されていますが、朱の利用は後期後半以降目立つようになります。どちらも同じ赤色ですが、それぞれ発色には違いが見られ、目的や用途により使い分けていたことが考えられます。優れた漆器が作られる背景には良質の赤色顔料の存在が欠かせなかったようです。

漆工芸は大陸からの渡来したものと以前は考えられていました。日本では野生ウルシがなく、中国・浙江省河姆渡《かぼと》遺跡では約6200年前の漆器が最古のものとされていました。しかし、最近では大陸よりも古い漆製品が日本列島で見つかっており、列島起源説が有力となってきています。

縄文人と天体

小田桐 茂良

正確な時計がある現代はともかく、ごく最近まで天体は季節や時刻を知る上で大きな役割をもっていました。日本の星の伝承に関して数多く調査した兵庫県の北尾浩一氏によると、星は特に漁を行うときに方角や時刻を知るために使われていました。星を使った気象予報もあったようです。

北尾氏が中泊町（旧小泊村）下前を訪れたときは、イカ釣り漁のときにカタマリボシ（すばる）、マスボシ（オリオン座の一部）、アオボシ（シリウス）などが東の空から昇ることを利用していたという話を聞いています。

三内丸山遺跡で生活していた人々にとっても、季節や時刻を知ることは非常に大切であり、太陽や月、星などの動きで季節や時刻を知っていたはずです。青森平野の東側にある山々が目印になるため、日の出の場所が北東に見える夏泊半島から南東方向の山々まで行き来することが容易にわかります。それが季節と関係があることにも気づいたでしょう。

当時の太陽や星の動きは現代と少し違います。原因は、太陽・月・惑星の引力によって地球の自転軸の向きと傾きが変化する「歳差《さいさ》運動」のためです。歳差運動によって北極星は時代とともに変わります。遺跡で人々が生活していた時代の北極星は、りゅう座のトゥバンという4等星で、あまり明るい星ではありません。そのかわり、北斗七星は今よりずっと北に近いところで回転し、見やすい高さでひしゃくの向きが変わるので、時計として使い安く、北極星の代わりにもなったはずです。（図①）

また、夏至の日の出や日の入りの方向は現代より0・8度北に、冬至は0・8度南にずれていま

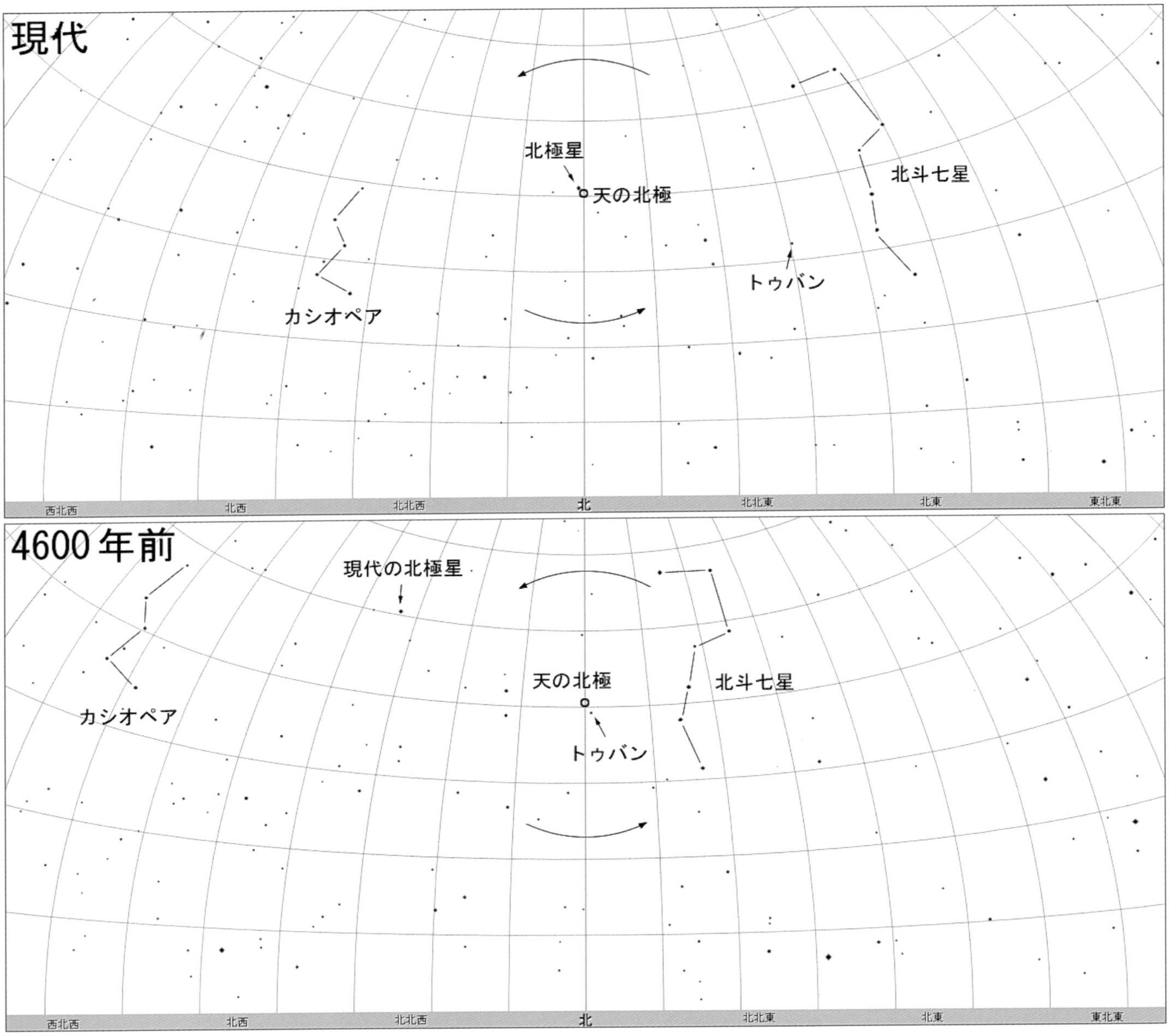

図①　北の空に見える星（ステラナビゲータ ver.7 より作成）矢印の向きに約１日で１回転する

した。

三内丸山遺跡を代表するものに、６本の柱からなる大型掘立柱建物跡があります。この建物が何のために建てられたのかはわかっていませんが、土にかかった重量を手がかりにして大きさを推定し、現在のように復元されています。

この六本柱の東側にも大型の柱穴が密集する地域があります（図②）。ここには、復元されたものよりやや小型ですが、６本または８本の長方形の建物跡が５つ見つかっています。この５つの建物と復元されている六本柱の向きはほぼ同じで、夏至の日の出の方向に近いことがわかっています。

六本柱と日の出の関係に関する青森南高校自然科学部の研究によると、建物の向きと当時の夏至の日の出の方向の差は１・６度です。これくらいの差では、柱に30ｍくらいまで近づくと、左右の柱の間から日の出を見ることができます（図③）。しかし、棒とひもを使っただけで０・５度程度に方向を合わせることができますので、柱は意識的に日の出の方向に合わせたものではありません。北極星や北斗七星の方向からは大きく離れています。

旧展示室付近から六本柱を見ると、左右の柱の間に夏泊半島の山が見えます（図④）。また、遺跡のすぐ西側を柱とほぼ平行に沖館川が流れています。建物の向きに意味があるとすれば、半島の山に向けて作られたものか、川からの荷揚げに関わる施設であることが考えられます。

六本柱が天体に関係した施設として建てられた可能性は大きくありません。しかし、建設後に柱の間から夏至の日の出や冬至の日の入り（図⑤）を見ることができることがわかって、季節を知ることに利用したかも知れません。

図④　大型掘立柱建物の上から見える夏泊半島。4600 年前（赤い丸印）と現代（青い丸印）の日の出の位置。矢印のあたりに建物が向いている

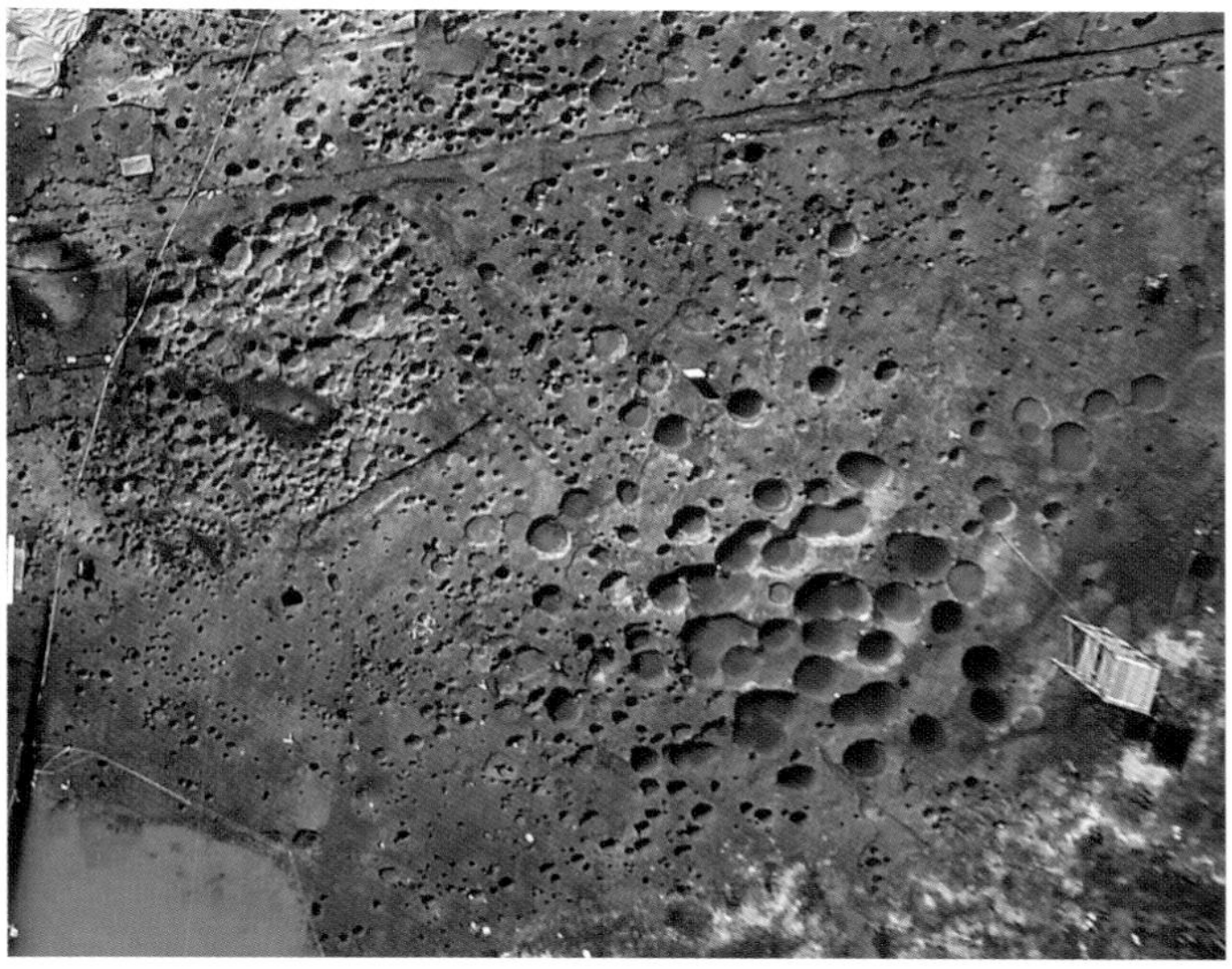
図②　密集している大型の柱穴。６本柱や８本柱が５組ある

図⑤　冬至過ぎの日の入り（2009 年 1 月 13 日）

図③　柱の間から見える夏至の日の出（合成写真：2009 年 6 月 24 日）。左の３本の柱の延長 20m の地点から撮影

縄文遺跡群と世界遺産

岡田　康博

はじめに

青森県・北海道・岩手県・秋田県の4道県及び関係自治体（千歳市、伊達市、洞爺湖町、森町、函館市、青森市、弘前市、八戸市、つがる市、外ヶ浜町、七戸町、一戸町、鹿角市、北秋田市の14市町）では、域内に所在する縄文時代の遺跡で構成する「北海道・北東北の縄文遺跡群」（名称　Jomon Prehistoric Sites in Northern Japan ）の世界遺産登録を目指してきた。

２００９年にユネスコの暫定一覧表に追加記載されたものの、ユネスコへの推薦が得られない状況が続いていたが、２０１９年には文化審議会世界文化遺産部会において、推薦候補として選定され、２０２０年1月にはユネスコへ推薦書が提出された。イコモス（国際記念物遺跡会議）の現地調査等を２０２０年に終え、今年２０２１年7月の世界遺産委員会にて登録が正式に決定した。

世界遺産とは

世界遺産とは世界遺産条約に基づく世界遺産一覧表に記載されたもので、顕著な普遍的な価値（ＯＵＶ）を持つ、世界的に見て特別重要な文化遺産（資産）のことをいう。世界のすべての人々が共有し、未来の世代に引き継いでいくべき人類共通の宝である。

世界遺産条約は、正式には「世界の文化遺産及び自然遺産の保護に関する条約」で、１９７２年のユネスコ総会で採択され、それまで対立して考えられていた自然と文化を同じ条約の下で保護することを目的としたものである。さらに「文化遺産や自然遺産を人類全体のための世界の遺産として、損傷・破壊等の脅威から保護し、保存する」ことを唱えるとともに、国際的な協力・援助の体制を確立することを掲げている。日本は１９９２年に１２５番目の締結国となった。現在１９４カ国が締結しており、様々な世界条約の中で最も多くの国々が協調し、取り組んでいる国際条約とも言われる。

世界遺産の種類

世界遺産には文化遺産、自然遺産、複合遺産がある。複合遺産は両方の価値を併せ持つものであり、世界遺産の概念に最も近いものとされている。なお、文化遺産の対象となるのは遺跡や建物などの不動産であって、原則として美術品や出土品などの動産は対象とはならない。

○文化遺産　記念物、建造物群、遺跡、文化的景観など
○自然遺産　地形や地質、生態系、景観、絶滅のおそれのある動植物の生息地など
○複合遺産　文化遺産と自然遺産の両方の価値を持つ遺産

現在世界遺産は文化遺産８９７件、自然遺産２１８件、複合遺産39件の計１１５４件ある。（２０２１年7月末時点）

世界遺産は顕著な普遍的価値を持っていなければならない。顕著な普遍的価値は国や人種を越えて人類共通の価値とされているが抽象的である。ユネスコでは①世界遺産としての評価基準を証明し、②完全性・真実性が認められ、③保全のための万全の保護措置が採られている、の３本の柱で構成されるとしており、世界遺産になるためにはこの点についてユネスコへ提出する推薦書に明記し、審査を受ける必要がある。

縄文遺跡群の顕著な普遍的価値

北海道・北東北の地域は縄文時代全般を通じて共通の文化圏を形成してきた。その背景は豊かな自然と安定した食料が確保できたことによる。定住の開始を示す土器の出現も他地域より早い。また、山菜やサケ・マスなど短期間に集中して出現する資源を利用するため、集落の大規模化や集約化が進んだとする説もある。

同じ文化圏では原則として同じ模様や形の土器が使われるが、そのためには頻繁な面接関係や交流による情報共有が必須であり、同じ価値観や世界観、あるいは宗教観を共有する範囲とも言え、おらがくにという意味で「クニ」のようなものと表現することもある。

この地域には2万カ所以上の遺跡が所在し、大湯環状列石（秋田県鹿角市）と三内丸山遺跡（青森市）と2カ所の特別史跡を含め、数多くの遺跡が整備・活用され、人々の縄文時代の文化についての理解促進に大きく貢献していることも重要である。また、地域住民が遺跡の保存や活用に積極的に関わってきたことも注目される。

「北海道・北東北の縄文遺跡群」は、北東アジアにおいて、採集・漁労・狩猟を基盤とした定住を1万年以上の長期間継続した世界的にも稀有な資産であり、たぐいまれな精神性を含む生活の在り方及び自然環境の変動に応じて適応した集落の立地と構造を示す遺跡群は、農耕以前の人類の生き方を理解する上で貴重である。

では、構成資産である遺跡について紹介する。

文化遺産　自然遺産

日本の世界遺産一覧

（2021年７月現在）

No.	資産名	所在地	記載年	区分
1	法隆寺地域の仏教建造物	奈良県	1993年（平成５年）	文化
2	姫路城	兵庫県	1993年（平成５年）	文化
3	屋久島	鹿児島県	1993年（平成５年）	自然
4	白神山地	青森県・秋田県	1993年（平成５年）	自然
5	古都京都の文化財（京都市、宇治市、大津市）	京都府・滋賀県	1994年（平成６年）	文化
6	白川郷・五箇山の合掌造り集落	岐阜県・富山県	1995年（平成７年）	文化
7	原爆ドーム	広島県	1996年（平成８年）	文化
8	厳島神社	広島県	1996年（平成８年）	文化
9	古都奈良の文化財	奈良県	1998年（平成10年）	文化
10	日光の社寺	栃木県	1999年（平成11年）	文化
11	琉球王国のグスク及び関連遺産群	沖縄県	2000年（平成12年）	文化
12	紀伊山地の霊場と参詣道	三重県・奈良県・和歌山県	2004年（平成16年）	文化
13	知床	北海道	2005年（平成17年）	自然
14	石見銀山遺跡とその文化的景観	島根県	2007年（平成19年）	文化
15	小笠原諸島	東京都	2011年（平成23年）	自然
16	平泉　－仏国土（浄土）を表す建築・庭園及び考古学的遺跡群－	岩手県	2011年（平成23年）	文化
17	富士山　－信仰の対象と芸術の源泉－	山梨県・静岡県	2013年（平成25年）	文化
18	富岡製糸場と絹産業遺産群	群馬県	2014年（平成26年）	文化
19	明治日本の産業革命遺産　製鉄・製鋼、造船、石炭産業	福岡県・佐賀県・長崎県・熊本県・鹿児島県・山口県・岩手県・静岡県	2015年（平成27年）	文化
20	ル・コルビュジエの建築作品　－近代建築運動への顕著な貢献－「国立西洋美術館」	東京都　※フランス・ドイツ・スイス・ベルギー・アルゼンチン・インド	2016年（平成28年）	文化
21	「神宿る島」宗像・沖ノ島と関連遺産群	福岡県	2017年（平成29年）	文化
22	長崎と天草地方の潜伏キリシタン関連遺産	長崎県・熊本県	2018年（平成30年）	文化
23	百舌鳥・古市古墳群　－古代日本の墳墓群－	大阪府	2019年（令和元年）	文化
24	奄美大島、徳之島、沖縄島北部および西表島	鹿児島県・沖縄県	2021年（令和３年）	自然
25	北海道・北東北の縄文遺跡群	北海道・青森県・岩手県・秋田県	2021年（令和３年）	文化

世界文化遺産　北海道・北東北の縄文遺跡群

1	史跡　大平山元遺跡	青森県外ヶ浜町	11	史跡　伊勢堂岱遺跡	秋田県北秋田市
2	史跡　垣ノ島遺跡	北海道函館市	12	特別史跡　大湯環状列石	秋田県鹿角市
3	史跡　北黄金貝塚	北海道伊達市	13	史跡　キウス周堤墓地	北海道千歳市
4	史跡　田小屋野貝塚	青森県つがる市	14	史跡　大森勝山遺跡	青森県弘前市
5	史跡　二ツ森貝塚	青森県七戸町	15	史跡　高砂貝塚	北海道洞爺湖町
6	特別史跡　三内丸山遺跡	青森県青森市	16	史跡　亀ヶ岡石器時代遺跡	青森県つがる市
7	史跡　大船遺跡	北海道函館市	17	史跡　是川石器時代遺跡	青森県八戸市
8	史跡　御所野遺跡	岩手県一戸町	関連資産		
9	史跡　入江貝塚	北海道洞爺湖町	1	史跡　長七谷地貝塚	青森県八戸市
10	史跡　小牧野遺跡	青森県青森市	2	史跡　鷲ノ木遺跡	北海道森町

縄文時代のはじまりを示す遺跡

大平山元遺跡《おおだいやまもといせき》

Odai Yamamoto Site

紀元前13000年頃（約15000年前）

【所在地】青森県外ヶ浜町蟹田

全景

全景（整備中）【出展：JOMON ARCHIVES（外ヶ浜町教育委員会撮影）】

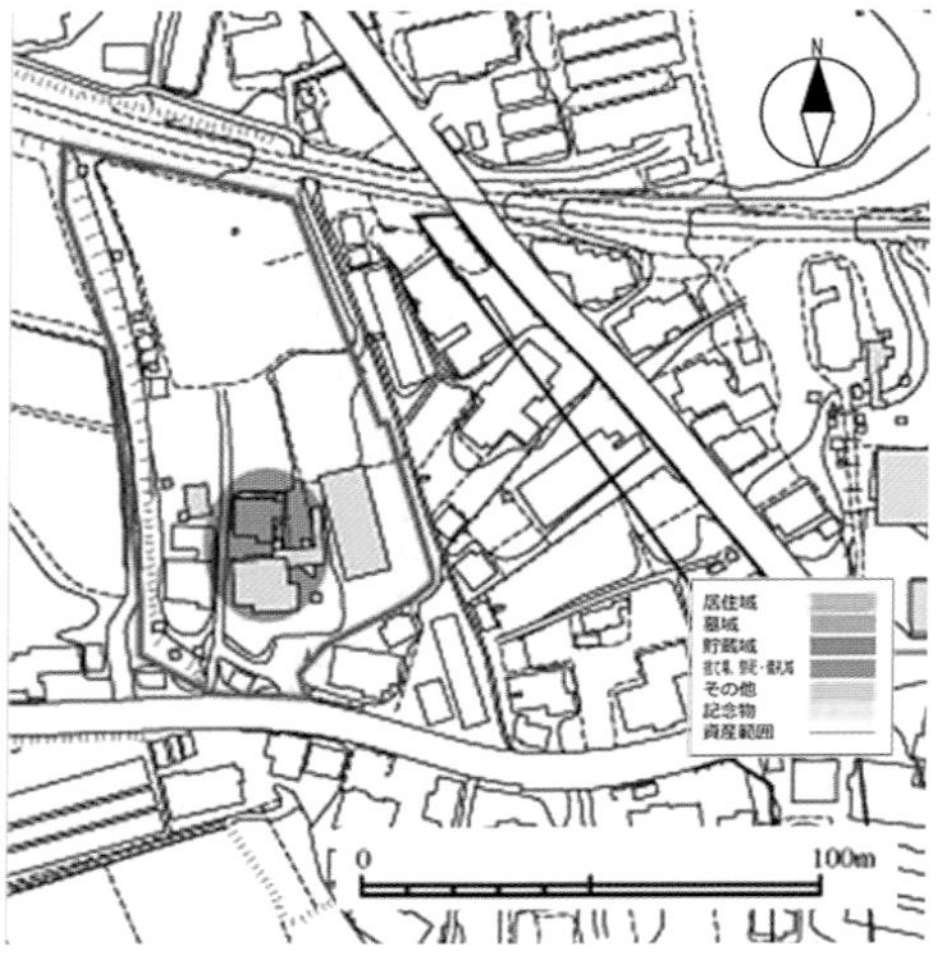

遺構概念図

概要

青森県西部の津軽半島のほぼ中央部に位置し、陸奥湾に注ぐ蟹田川沿いの標高26mの段丘上に立地する縄文時代開始直後の遺跡です。食料となるサケ・マスが遡上する河川近くで、日常的な活動に必要な石器に適した良質の石材が採取できる場所と考えられます。また、人類が山岳地域から平地へ進出し、本格的な生活拠点の形成に必要となる食料の確保のためにこの場所を選択したことも考えられます。

発掘調査によって旧石器時代の特徴を持つ石器群とともに、土器と石鏃《せきぞく》が出土しました。土器に付着した炭化物の年代測定の結果、約15000年前のものであることが明らかになり、北東アジアでも最古級のものと考えられています。土器は、重量があり壊れやすく、移動に適さないため、土器の出現は定住の開始を示すものと言えます。

居住地は南北26m×東西20mの楕円形の範囲で、この中に土器の使用と石器づくりの空間が含まれています。一定の範囲に土器や石器などが分布することから、土地利用の何らかの規制があったものと見られますが、祭祀・儀礼のあり方は未分化の状態にあるものと考えられます。

本遺跡は地球規模での温暖化に伴い、旧石器時代の遊動から縄文時代の定住へと生活が大きく変化し、定住開始期の様子や河川近くの生業のあり方を知る上で重要な遺跡です。

おすすめ見学ポイント

見どころ① ― 当時の地形

当時の人々は川のそばで生活していたと考えられています。石器の原材料となる石材（頁岩《けつがん》）や遡上するサケを捕獲していたようです。遺跡のそばをかつて川が流れていた痕跡が遺跡西側の一段低い段丘との境界で確認できます。現在蟹田川は大きく南側に蛇行して流れていますので遺跡からは見ることができません。

見どころ②ー最古の土器

土器は全て破片ですが、もともとは小型の深鉢で、底は角張っていたと見られます。土器の表面には模様がない無文土器で、色が赤変しているのは被熱の痕であり、よく見ると黒色の部分は煤やおこげであることがわかります。よって煮炊きに使用されたものと考えられます。このおこげに含まれる炭素を測定したところ約15000年前のものであることがわかり、現在のところ北東アジア最古の土器であると考えられています。

見どころ③ー石鏃と局部磨製石斧

石鏃は縄文時代に出現します。本遺跡の石鏃は最古のものと考えられています。小型の縦長の薄片を素材とし、整形後縁辺部には押圧剥離による刃部が作られています。大型の局部磨製石斧は本遺跡発掘のきっかけとなったものです。敲打《こうだ》による整形後、刃部を中心に部分的に磨かれていることからこの名前がついています。木の伐採や地面の掘削に使用されたものと考えられています。

ちょい足しポイント

周辺には旧石器時代の遺跡が点在していますので、縄文時代以前の生活の様子も知ることができます。出土品は大山ふるさと資料館に展示中。

キャラクター

ムササビをイメージした「むーもん」です。

局部磨製石器

最古の石鏃

外ヶ浜町大山ふるさと資料館

- **住　所**　青森県東津軽郡外ヶ浜町字蟹田大平沢辺34－３
- **電話番号**　0174－22－2577
- **開館時間**　午前９時～午後４時
- **休 館 日**　月曜日（祝・休日の場合は翌日）
年末年始（12／29 ～ 1／4）
- **入 館 料**　無料
- **アクセス**　・ＪＲ津軽線「大平駅」下車、徒歩５分
・東北自動車道「青森ＩＣ」から国道280号、県道12号で約45分

※各ガイダンス施設は2021年８月現在です。開館時間、休館日、入館料等変更になる場合もあります。

【出展：JOMON ARCHIVES（外ヶ浜町教育委員会撮影）】

居住域と墓域の分離を示す集落跡

史跡《しせき》 垣ノ島遺跡《かきのしまいせき》

Kakinoshima Site

紀元前7000年～紀元前1000年（約9000～3000年前）

【所在地】北海道函館市臼尻町

全景

遺構概念図

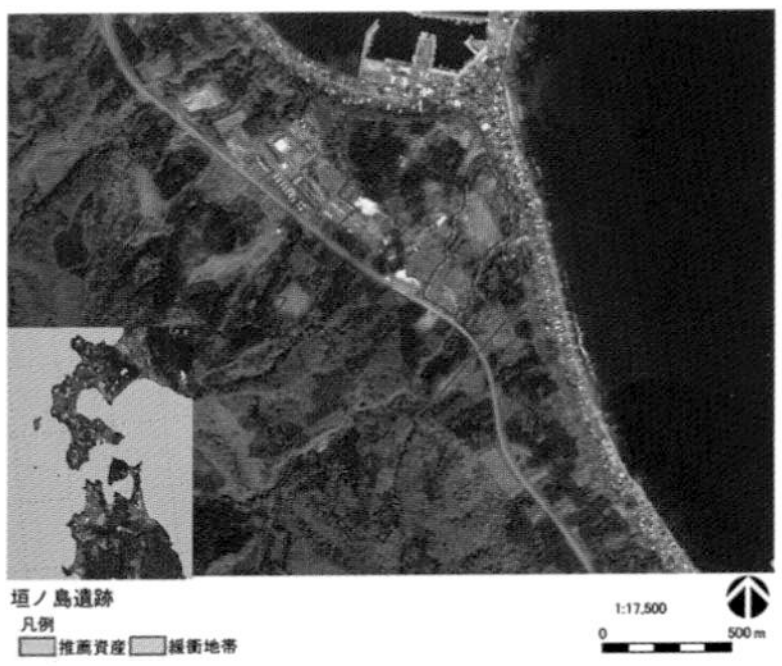

範囲

概要

北海道南西部渡島半島東岸の太平洋に面した函館市南茅部地区に所在し、垣ノ島川左岸の標高32～50mの海岸段丘上に立地する、紀元前5000年頃の集落跡です。本遺跡は、水産資源及び森林資源に恵まれた海岸近くの後背地に森林が広がる場所に立地しています。

集落では竪穴建物による居住域、大型の合葬墓と単独墓からなる墓域が形成され、日常と非日常の空間が分離したことを示しています。竪穴建物からは漁網用の石錘《せきすい》が出土し、漁労が活発に行われていたことがわかります。墓には、この地域に特徴的な幼児の足形を押し付けた粘土版が副葬されることがあり、当時の葬制や精神性もよくわかります。

その後、紀元前2000年頃になると、長さ190mを超える盛土がつくられました。盛土からは土砂とともに土器や石器などが大量に出土し、祭祀・儀礼が継続して行われたことを示しています。

本遺跡は、海進期と沿岸地域における生業のあり方及び耐久性のある竪穴建物の出現、そして居住域と墓域の分離など集落における日常・非日常の空間の区別など機能分化の開始を示し、定住の伸展を考える上で重要な遺跡です。

おすすめ見学ポイント

見どころ①

まずは、すばらしい景観です。遺跡の西側にある縄文交流センターからは遺跡の全景が見え、当時の地形がよくわかりますし、遺跡東側からは太平洋が一望できますので縄文の人々がこの地を選んだ理由が何となく見えてきます。また、大規模な盛土もその規模がわかります。

見どころ② ― 埋もりきれない竪穴建物

縄文時代の建物跡のほとんどは土砂の堆積によって埋まってしまい、その所在は発掘調査でしか確認できない場合が多いのですが、ここでは縄文時代の建物跡が完全には埋まってはおらず、少し地面が円形に窪んでいます。北海道の古代ではよく見られますが、縄文時代のものとなると珍しいと言えます。

見どころ③ ― 交流センター

垣ノ島遺跡や大船遺跡の出土品は函館市縄文文化交流センターに展示されています。北海道で唯一の国宝であるカックウ（中空土偶）も通常はここで常設展示されています。加えて函館市内の主な出土品も展示されており、縄文時代のことがよくわかります。中にはシカと落とし穴が描かれた土器など逸品も多数あります。いろいろなグッズも格安で手に入れられるのも楽しみです。

ちょい足しポイント

縄文文化交流センターは道の駅に併設されています。見学後はここのソフトクリームがおすすめです。クルミのトッピングされたソフトクリームは絶品です。この地区は昆布漁でも有名ですが、特産の昆布を利用したお土産も見逃せません。

盛土

土坑墓

盛土の中央施設

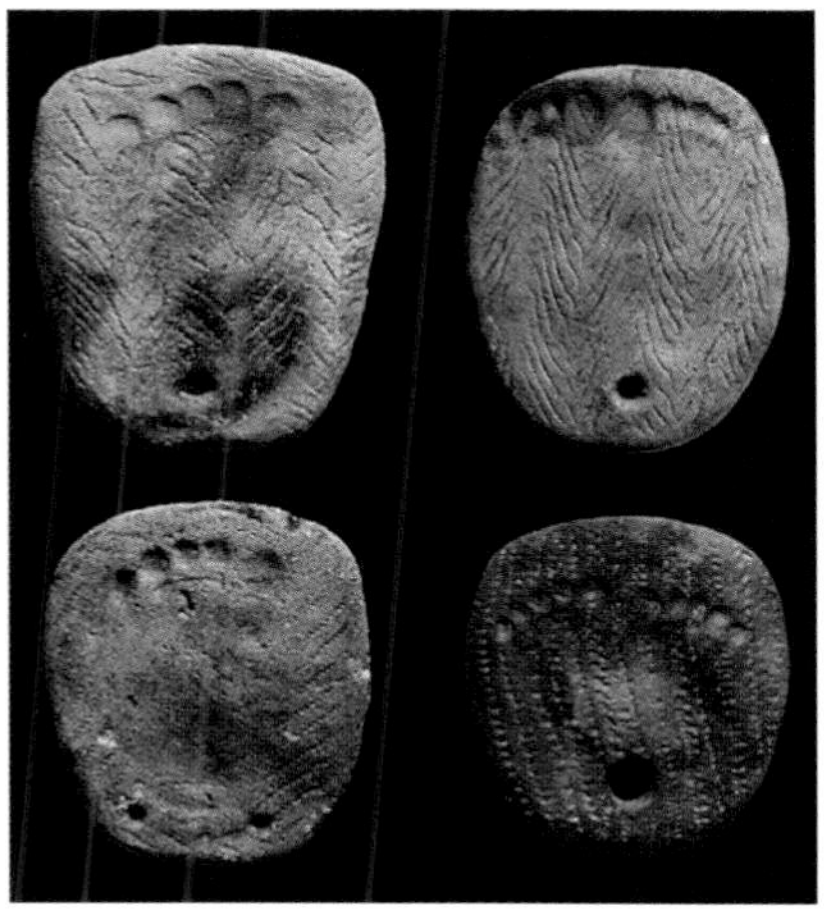

副葬された土版

石錘出土状況

函館市縄文文化交流センター

住　　所　北海道函館市臼尻町551－１

電話番号　0138-25-2030

開館時間　４～10月…午前９時～午後５時
11～３月…午前９時～午後４時30分
※併設されている道の駅「縄文ロマン南かやべ」は24時間利用可能

休 館 日　月曜日（祝日の場合は翌日）
毎月最終金曜日、年末年始（12／29～１／3）

入 館 料　大人300円、小学生～大学生150円

アクセス
・ＪＲ函館駅から車で約60分
・函館空港から車で約40分
・道央自動車道「大沼公園ＩＣ」から約60分

【提供：函館市教育委員会】

内浦湾に面した大規模な貝塚を伴う集落跡

【所在地】北海道伊達市北黄金町

史跡《しせき》 北黄金貝塚《きたこがねかいづか》

Kitakogane Site

紀元前5000年～紀元前3500年（約7000～5500年前）

全景

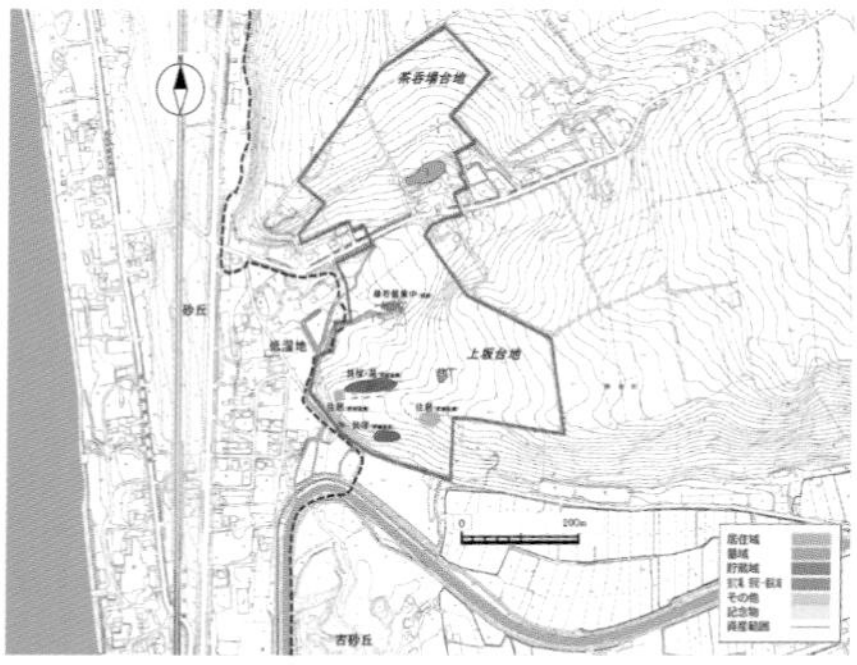

遺構概念図

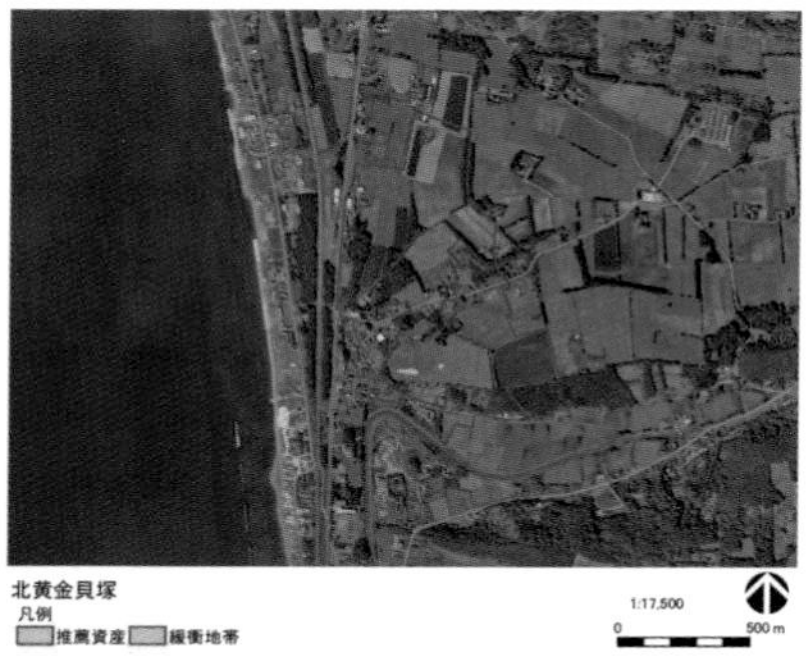

範囲

概要

北海道南西部噴火湾（内浦湾）東岸にある伊達市に所在し、標高10～20ｍの内浦湾をのぞむ丘陵上に立地する貝塚を伴う集落跡です。本遺跡は、水産資源に恵まれた海岸近くの場所に立地しています。

集落は、台地上に居住域と墓域、貝塚が配置され、低地に湧水点と水場遺構があります。貝塚と居住域は海進の最盛期には、温暖な環境に棲息するハマグリを中心として内陸の丘陵頂部に形成されていましたが、海退にともなって海寄りの低地に移動するとともにハマグリは減少するなど、海進・海退など海水面の変化と連動して貝塚や住居の形成地点、貝の種類などが変遷する環境適応の実態を示しています。貝塚は祭祀場的な性格も有しており、貝塚の中から人の墓や動物儀礼の痕跡が確認されています。

貝塚から出土するハマグリ、マガキ、ホタテガイなどの貝類やマグロやヒラメなどの魚骨、オットセイ、クジラなどの海獣骨は、漁労を中心としていたこの地域の生業の特徴を示しています。

また、低地にある水場遺構からは意図的に壊された石皿やすり石などの石器が大量に出土し、廃棄に伴う祭祀が行われていたと考えられています。

本遺跡は、定住の発展期前半（紀元前5000年～紀元前3500年頃）の貝塚を伴う拠点集落であり、沿岸地域の生業のあり方及び海進・海退への適応の状況、拠点集落としての居住を物語る施設、水場や貝塚における祭祀・儀礼などの高い精神文化を示す重要な遺跡です。

おすすめ見学ポイント

見どころ①―すばらしい立地環境

遺跡の高いところの貝塚に立つと噴火湾が一望できますし、天候が良ければ遠くの山々も望むことができます。当時の立地環境を実感できる素晴らしい眺望です。必見の価値ありです。

見どころ②―リアルな貝塚表示

実物の貝塚は地下にあるため、現地では見ることができません。しかし、なんと実物の貝塚の上の地表面に現代の貝塚が作られており、規模や内容を理解しやすいようになっています。ホタテガイなどがまかれ、遠くからでも貝塚であることがわかります。さらにシカの角や頭骨までおいていますので実物並みのリアルさです。その上を歩くこともできます。

見どころ③―水場遺構

遺跡中央を流れる湧水近くには大規模な祭祀場が形成されていますが、その実物が露出展示されています。湿地の中に無数の石ころがあるようにしか見えないというのは大間違い。よくよく見ればほとんどが石器なのです。北海道式石冠と呼ばれる独特の形状の石器が破損した状態で、時には完全なものを見ることができます。よく見てみましょう。いろいろと発見があります。

ちょい足しポイント

石器づくりには鹿角は欠かせませんが、実物の入手はそう簡単ではありません。市内の道の駅ではエゾジカの立派な角が販売されています。

土坑墓

貝層断面

水場遺構

北黄金貝塚情報センター

住　所　北海道伊達市北黄金町75
電話番号　0142－24－2122
開館時間　午前９時～午後５時
休 館 日　冬期（12／1～３／31）
入 館 料　無料
アクセス　ＪＲ室蘭本線「黄金駅」から
・車で約２分
・道南バス「伊達駅前」「洞爺湖温泉」行き「北黄金貝塚公園前」下車、徒歩約５分
ＪＲ室蘭本線「伊達紋別駅」から
・車で約20分
・道南バス「室蘭港」行き「北黄金貝塚公園前」下車、徒歩約５分
道央自動車道「室蘭ＩＣ」から約10分

【出展：JOMON ARCHIVES】

古十三湖に面した貝塚を伴う集落跡

史跡《しせき》　田小屋野貝塚《たごやのかいづか》　Tagoyano Site

紀元前4000年〜紀元前2000年（約6000〜4000年前）

【所在地】青森県つがる市木造

全景

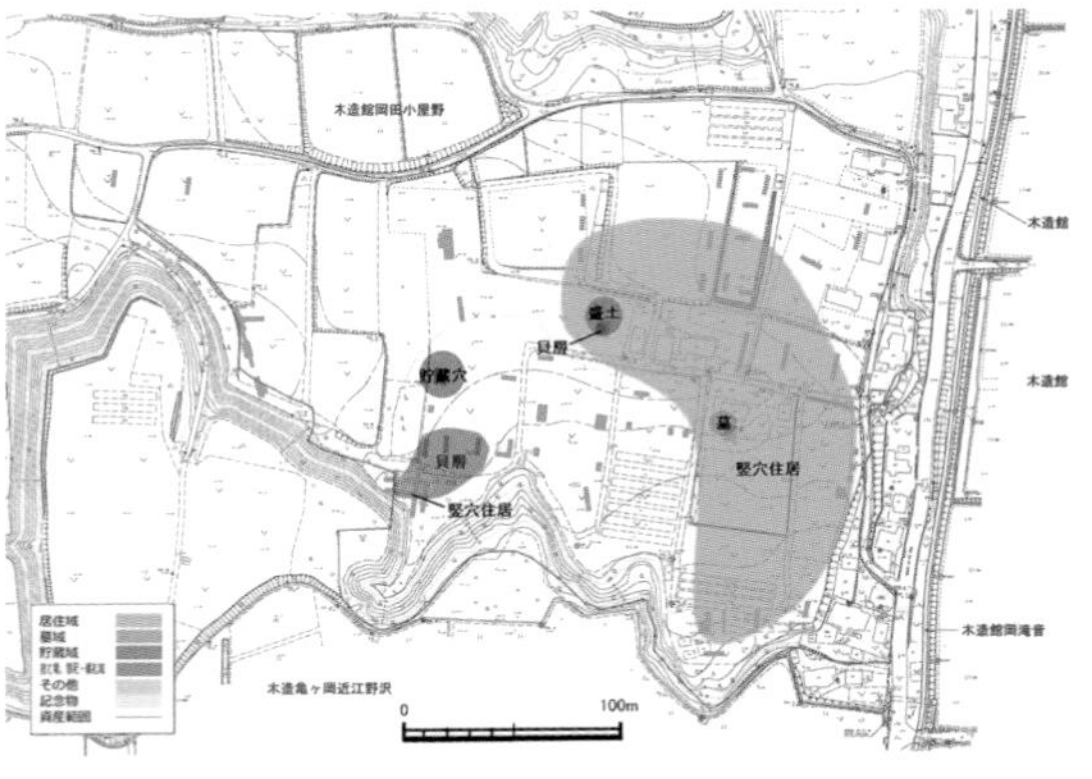

遺構概念図

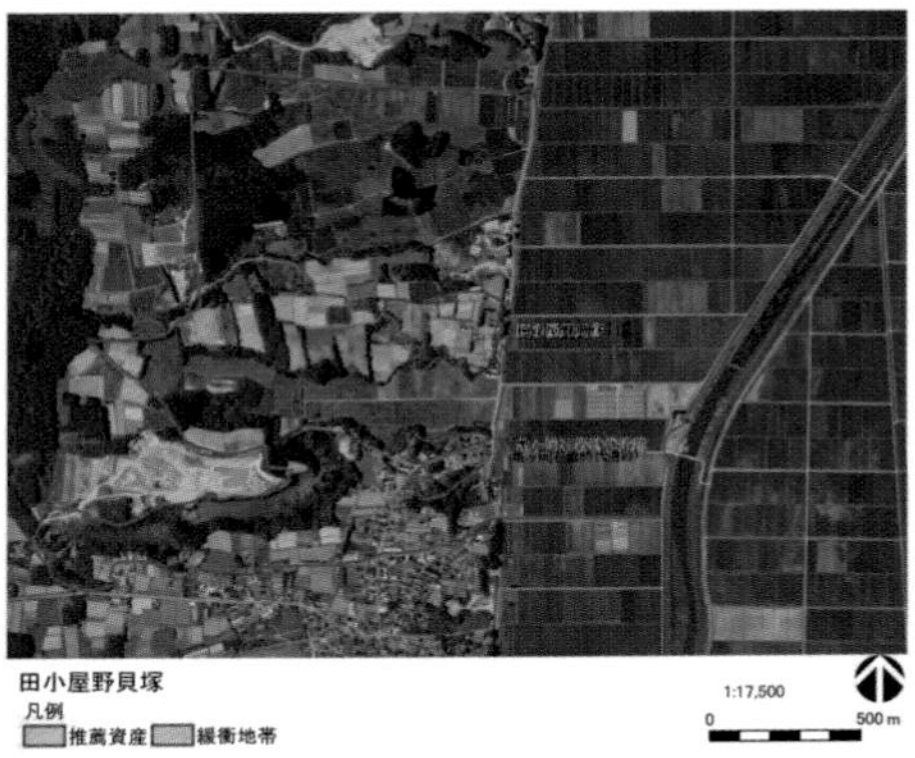

範囲

概要

青森県西部のつがる市に所在し、岩木川左岸の標高10〜15mの丘陵平坦面から緩斜面上に立地する、海進期に形成された古十三湖に面した貝塚を伴う集落跡です。集落は、竪穴建物、墓、捨て場、貝塚、貯蔵穴など、多様な施設が配置されています。土器・石器・祭祀遺物等が出土する捨て場の形成が行われており、捨て場の形成は日常的な祭祀・儀礼の存在を物語っています。集落規模も拡大傾向にあり、土坑墓からは出産歴のある成人女性の埋葬人骨が発見され、この時期における埋葬方法を示しています。

貝塚からは、土器や石器のほか、汽水域に棲息するヤマトシジミやイシガイを主体に、コイやサバなどの魚骨、イルカやクジラなどの海獣骨、動物の骨を加工した骨角器なども出土しています。オニグルミやクリなどの炭化材も出土し、集落周辺には落葉広葉樹林が広がっていたことがわかります。このほか、装身具であるベンケイガイ製の貝輪（ブレスレット）の未製品が多数出土し、集落内で貝輪の製作が行われていたことも明らかになっています。内湾地域における生業や集落の様子を知る上で重要な遺跡です。

お勧め見学ポイント

見どころ①―地形

貝塚がつくられたころ、海水面は現在よりも高く、その影響で十三湖は内陸深く入り込んでいました。JR五所川原駅近くに相当します。これを古十三湖と呼びます。古十三湖の入り江近くは鹹《かん》水《すい》域ですが、内湾奥では汽水域となっており、ヤマトシジミ等の採取が可能であったと考えられます。遺跡の上に立つと水田が広がりますが、まさにそこが当時の古十三湖でした。対岸の中泊町が遠くに見えますので深く入り込んだ入江であったことが理解できます。

見どころ② ― 貝塚の貝

貝塚を形成している貝の大半はヤマトシジミで、目の前に広がる汽水域であった古十三湖で採取したものと思われます。しかし、ヤマトシジミは主食ではなく、あくまでも副食と考えられます。貝のみで一日当たりのカロリーを賄うとすると膨大な貝を必要とするからです。日本列島では日本海側の貝塚が極めて少なく、本遺跡はきわめて貴重であると言えます。

見どころ③ ― 貝輪製品

本遺跡からはベンケイガイ製の貝輪が出土していますが、すべて破損品であり、完形品は見られません。ということは完形品は遺跡の外に持ち出された可能性が高いものと考えられます。そもそもこの周辺にベンケイガイが生息していることが明らかとなったのも最近のことです。道南の遺跡からはベンケイガイ製の貝輪が出土していますが、やはりベンケイガイは生息していないので、ここから運ばれてきた可能性もあります。北海道産の黒曜石も出土していることから、互いの交流があったことがわかります。

貝層断面

土坑墓

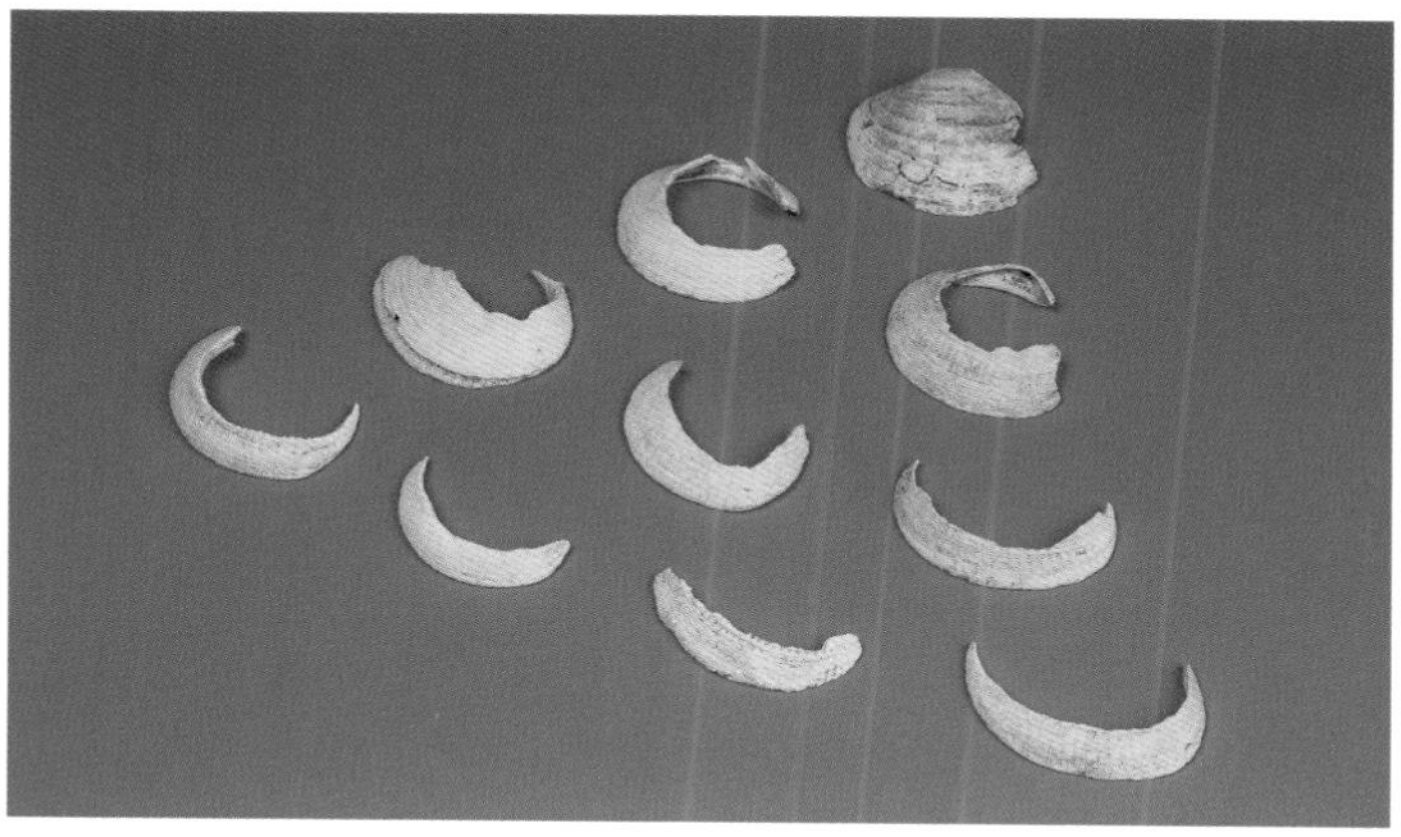

ベンケイ貝製貝輪未製品　【出展：JOMON ARCHIVES（青森県立郷土館所蔵）】

つがる縄文住居展示資料館カルコ

- **住　所**　青森県つがる市木造若緑59－1
- **電話番号**　0173－42－6490
- **開館時間**　午前９時～午後４時
- **休 館 日**　月曜日（祝・休日の場合は翌日）
  祝・休日の翌日、年末年始（12／29 ～ 1／3）
- **入 館 料**　大人200円、高校・大学生100円、
  小・中学生50円
- **アクセス**
  - ・ＪＲ五能線「木造駅」下車、徒歩15分
  - ・ＪＲ五能線「木造駅」から車で約５分
  - ・弘南バス「有楽町停留所」または「つがる市役所前停留所」下車、徒歩５分
  - ・青森、弘前から車で約１時間
  - ・東北自動車「浪岡ＩＣ」～津軽自動車道「五所川原北ＩＣ」から約15分

【出展：JOMON ARCHIVES】

海水性及び汽水性の貝塚が環境の変化を表す集落跡

史跡《しせき》 二ツ森貝塚《ふたつもりかいづか》 Futatsumori Site

紀元前3500年～紀元前2000年（約5500～4000年前）

【所在地】青森県七戸町貝塚家ノ前

全景

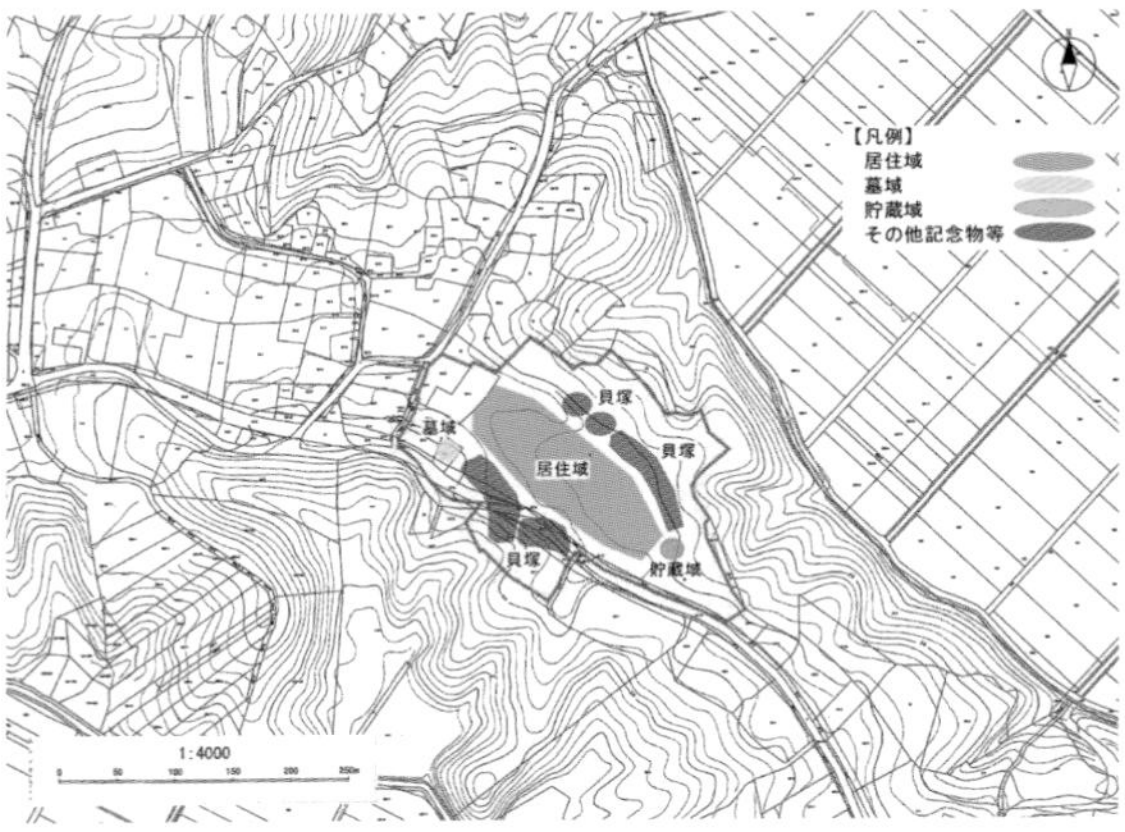

遺構概念図

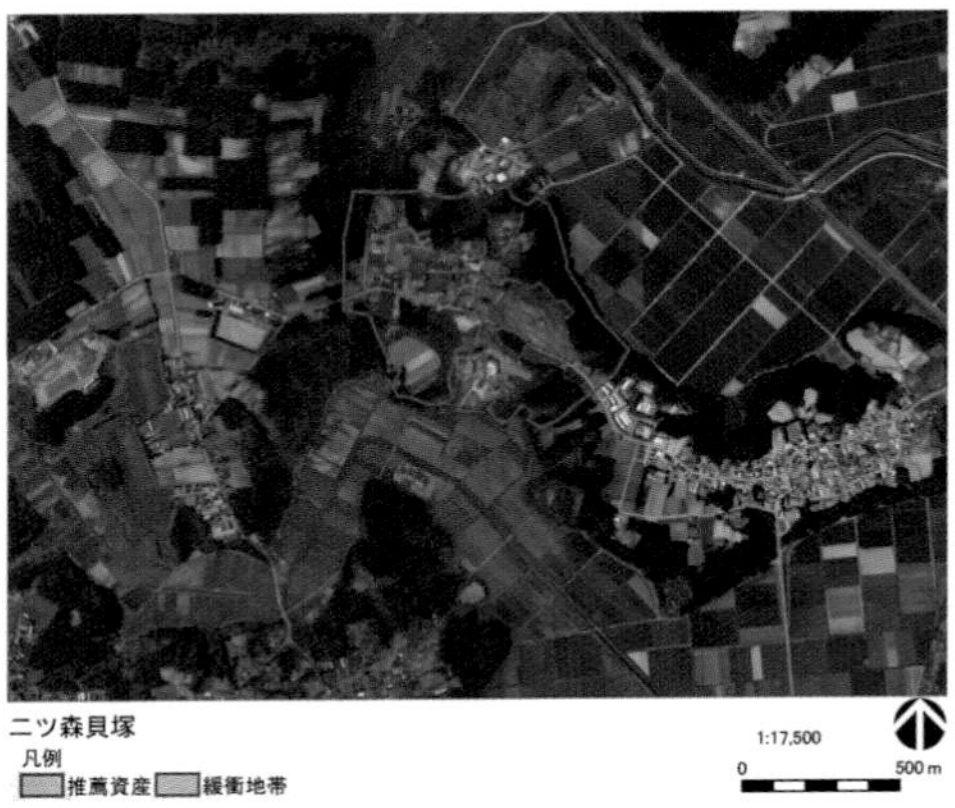

範囲

概要

青森県東部の七戸町に所在し、太平洋岸に続く小川原湖西岸の標高約45ｍの段丘上に立地する大規模な貝塚を伴う集落跡です。

平坦部に竪穴建物や貯蔵穴による居住域、その外側に貝塚や墓域が配置されています。

貝塚は、丘陵の北斜面と南斜面に形成されています。下層にはマガキ、ハマグリ、ホタテなどの海水性、上層にはヤマトシジミなどの汽水性の貝殻が堆積し、海進・海退による環境変化に適応した人々の生活を示しています。このほか、魚骨や動物骨、動物の骨や角でつくられた釣り針や銛などの骨角器も多数出土しています。なかでも精巧に加工された鹿角製櫛は当時の高い精神性と加工技術を知る上でも貴重です。貝塚には貝以外の土器等も含まれており、祭祀場としての機能が確認できます。

本遺跡は、海進期に形成された湖沼地帯の最奥部で後背地には森林が広がり、内水面での漁労や貝の採取など水産資源及び森林資源が利用しやすい場所に立地しています。釣り針や銛などの漁労具、魚骨が出土していることから、活発な漁労活動が行われていたことがわかります。湖沼地帯における生業のあり方及び貝塚などの祭祀場を中心とした集落構造、海進・海退など環境の変化による貝塚における貝の種類の変遷など環境適応の実態を示す重要な遺跡です。

おすすめ見学ポイント

見どころ① — 地形

縄文時代には小川原湖の最奥部に遺跡は立地していたと考えられます。太平洋に続く大きな内湾でしたので、湖内は波静かで、時には太平洋に出かけて漁をしたものと考えられます。

見どころ② ― 貝塚の盛り上がり

東西の細長く伸びる丘陵の南北の斜面には大規模な貝塚が形成されています。現地を見ると貝塚があるところの地面が少し盛り上がって見えます。その下には縄文時代のタイムカプセルというべき貝塚が残されているのです。

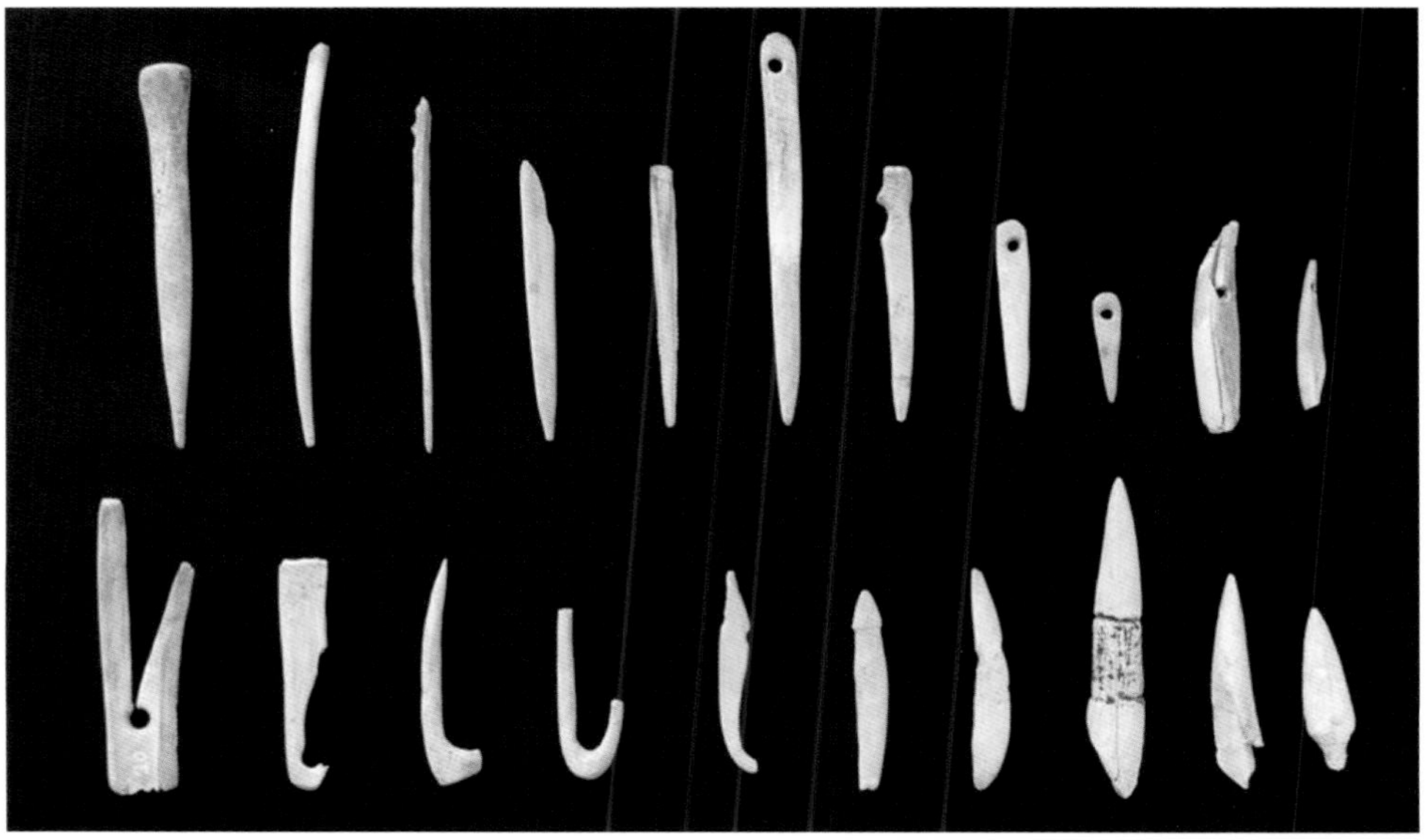

骨角器

見どころ③ ― 鹿角製くし

昭和37年の発掘調査で出土しました。大型の鹿角を利用して作られたくしです。精巧な彫刻による文様は技術力の高さを感じさせます。円形の模様は数を表現した可能性が指摘されています。

ちょい足しポイント

埋葬されたイヌが見つかっています。人間と同じように手厚く葬られていました。

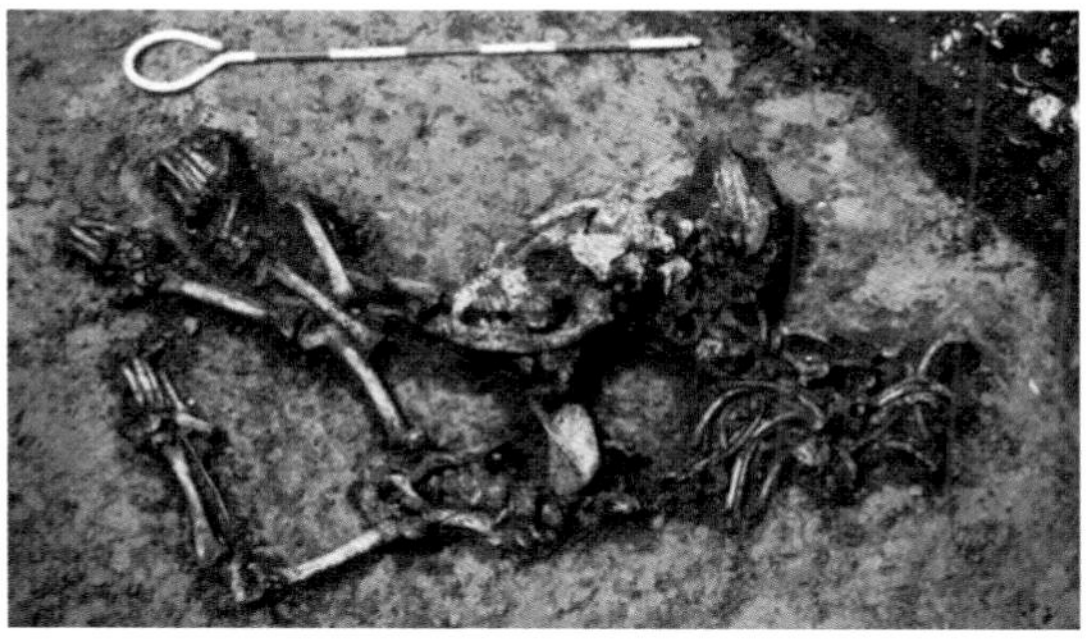

埋葬されたイヌ

貝層断面

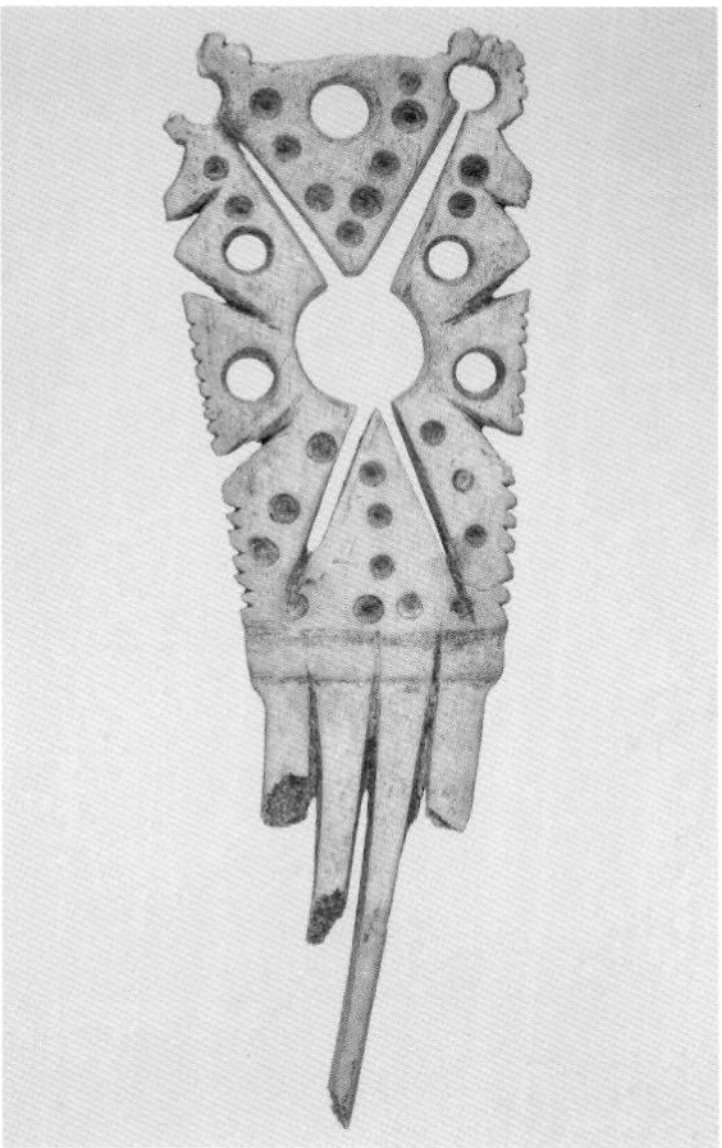

鹿角製くし

【出展：JOMON ARCHIVES
（青森県埋蔵文化財調査センター所蔵、田中義道撮影）】

二ツ森貝塚館

住　所	青森県上北郡七戸町字鉢森平181－26
電話番号	0176－68－2612
開館時間	午前10時～午後４時
休 館 日	月曜日（祝・休日の場合は翌日） 祝・休日の翌日、年末年始（12/27 ～ 1/4）
入 館 料	無料
アクセス	・ＪＲ東北新幹線「七戸十和田駅」・「道の駅しちのへ」から車で15分、二ツ森貝塚史跡公園から車で２分 ・青い森鉄道「上北町駅」から車で約10分 ・東北縦貫自動車道「七戸ＩＣ」から約５分

【出展：JOMON ARCHIVES（七戸町教育委員会撮影）】

多様な施設で構成される大規模な拠点集落

特別史跡《とくべつしせき》 三内丸山遺跡《さんないまるやまいせき》 Sannai Maruyama Site

紀元前3900年～紀元前2200年（約5900～4200年前）

【所在地】青森県青森市三内

全景

遺構概念図

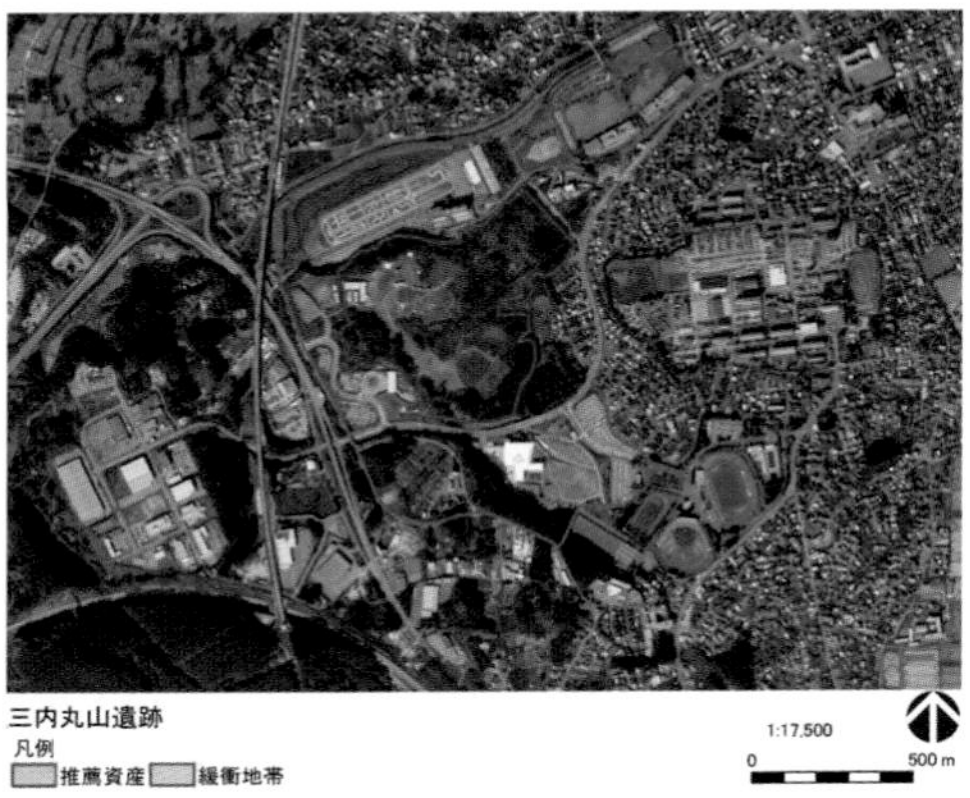

範囲

概要

青森県中央部の青森市に所在し、陸奥湾に注ぐ沖館川右岸の標高約20ｍの河岸段丘上に立地する。大規模な拠点集落です。内湾及び河口に位置し後背地には森林が広がるなど水産資源及び森林資源に恵まれた場所と考えられます。

集落には、竪穴建物や大型竪穴建物からなる居住域、列状に配置された墓による墓域、貯蔵穴、掘立柱建物、捨て場や盛土などが配置されています。盛土からは、土偶やミニチュア土器などの祭祀用の道具が多数出土し、祭祀・儀礼が継続して行われていたことを示しています。また、石鏃や石槍などの狩猟具、釣り針や銛などの漁労具、木の実をすりつぶす石皿やすり石、多種多様な魚骨や動物骨、クリ・クルミなどの堅果類などから、通年にわたり自然資源を巧みに利用していたことを示す重要な遺跡です。

釣り針や銛などの漁労具や多種多様な魚骨、多くの種子が出土し、当時の環境と生業を具体的に示しています。また、クリの管理などを行うことによって通年での安定した食料を確保していたことも明らかとなっています。

本遺跡は内湾地域における生業のあり方及び大規模な拠点集落の様相、特に次の時期に顕著になる祭祀場の拡大傾向と出土品が示す祭祀・儀礼の多様性を示す重要な遺跡です。

おすすめ見学ポイント

見どころ① ― 列に並んだお墓

見どころがたくさんある遺跡ですので、なかなか普段は気がつかないところを紹介します。まずは遺跡の中央から東側、かつての海の方向に延びる道跡とそれに直交するように配置された墓です。地面を楕円形に掘った土坑墓で、大きさから大人の墓と考えられます。この道路と墓が発掘調査で約４２０m続いています。列状に並んでいるところから列状墓とも呼ばれます。現在墓は土を盛って墓を表示しています。是非とも方向を確認してください。

見どころ② ― 掘立柱建物の柱間

遺跡中央の掘立柱建物をみてみましょう。柱で屋根や床を支える構造の建物を掘立柱建物といい、高床建物や平地式建物の可能性が考えられます。三内丸山遺跡では高床建物として復元表示しています。基本的には六本の柱が長方形に配置された建物と考えられます。掘立柱建物の巨大なものが三内丸山遺跡の象徴ともなっている大型掘立柱建物になります。さて、中央部の掘立柱建物ですが、中央の柱二本ですが実は中央ではなく、西側に少しよって建てられていることがわかります。この地区の掘立柱建物ですが、棟が東西方向を向く建物と考えられます。通常は六本柱建物の場合は、正方形が２個連結された長方形ですが、ここの建物だけは東西方向の柱の間隔が等間隔ではありません。おそらく床の空間も東側が広く西側が狭い空間利用が考えられます。ということは単なる倉庫ではないのかもしれません。

見どころ③ ― 大型掘立柱建物からの眺望

この大型掘立柱建物はゼネコンの土木工学的な分析を参考にしながら、クリの巨木を使って復元しています。直立している柱はクリといってもロシアのソチ近郊から輸入したヨーロッパグリを使い、それ以外は国産のクリ材を使用しています。床は柱の間隔と同じ間隔で設け、三層構造としました。ただ屋根についてはあえて付けていません。もともとは屋根付きの建物として建てることにしていましたが、周辺の調査が今後も必要であることから、現時点での確定的な復元は行わず、現在も建設中であるとしています。

一番の上層に上ると、当時の海岸線が一望できるほか、遠くにかすかですが岩木山も見ることができます。

縄文時代の遺跡からは梯子そのものが見つかっていないため、どのようにして上ったのか謎はつきません。また、この施設は何のために作られたのかも依然としてわかっていません。夏至は柱の間から太陽が昇り、当時には柱の間に没するとされていますが、正確に間から上り、あるいは沈むといったことはありません。

ちょい足しポイント

人気はマロン味のソフトクリーム。わざわざ遠方から食べに来る人がいるくらい。縄文といえばクリですので、そこから生まれたオリジナル商品です。

大型掘立柱建物跡

大型竪穴建物跡

環状配石墓

列状墓

盛土遺構遺物出土状況

貯蔵穴

土偶

三内丸山遺跡センター

住　所	青森県青森市三内字丸山305
電話番号	017－766－8282
開館時間	午前９時～午後５時 （入館は閉館の30分前まで） ※GW中と6/1 ～ 9/30は午後６時まで開館
休館日	毎月第４月曜日（祝・休日の場合は翌日） 年末年始（12/30 ～ 1/1）
入館料	一般：410円 高校生・大学生等：200円 中学生以下：無料
アクセス	・ＪＲ、青い森鉄道「青森駅」から車で約20分 ・ＪＲ東北新幹線・奥羽本線「新青森駅」から車で約10分 ・東北自動車道「青森ＩＣ」から約５分 ・青森空港から車で約30分

祭祀場が発達した拠点集落

史跡《しせき》 大船遺跡《おおふねいせき》

Ofune Site

紀元前3500年～紀元前2000年（約5500～4000年前）

【所在地】北海道函館市大船町

全景

【出展：JOMON ARCHIVES】

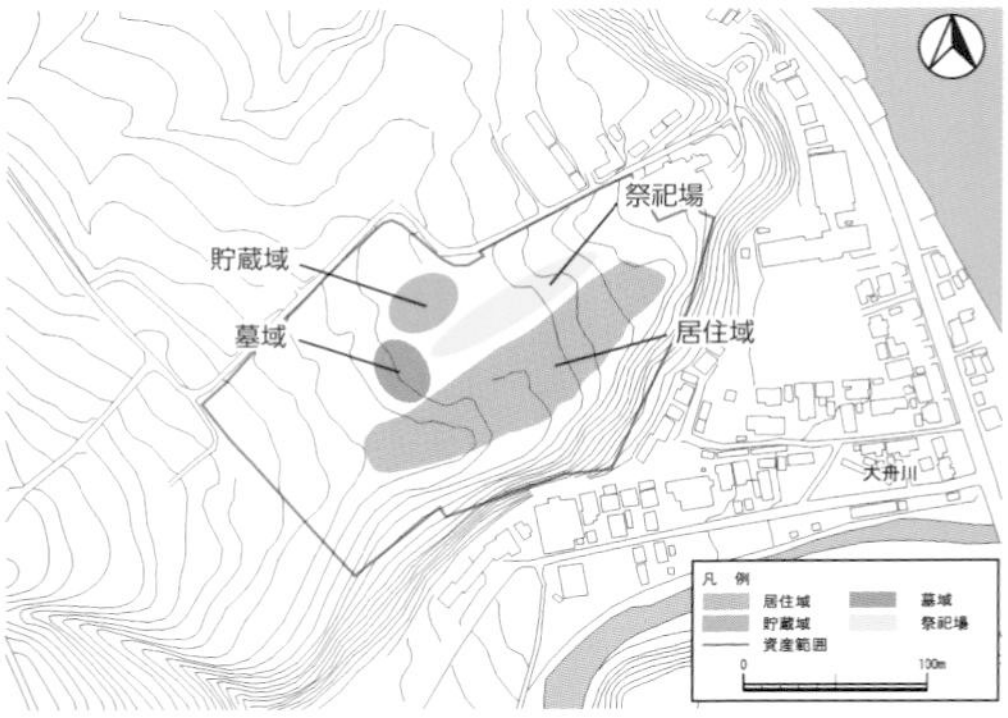

遺構概念図

範囲

概要

北海道南西部渡島半島東岸の太平洋に面した函館市南茅部地区に所在し、大舟川左岸の標高約30～50mの海岸段丘上に立地する拠点集落です。後背地には森林が広がり、水産資源と森林資源に恵まれた環境と考えられます。

集落は竪穴建物、貯蔵穴、盛土、墓などの施設が分離して配置されています。

竪穴建物は床を深く掘り込んだものが多く、深さ2mを超える大型のものもあります。祭祀場である大規模な盛土には、膨大な量の土器・石器、焼土などが累積し、長期間にわたって祭祀・儀礼が行われていたことを示しています。このほか、クジラやオットセイなどの海獣骨、マグロやサケなどの魚骨、クリやクルミなどの堅果類なども出土し、沿岸地域における生業と精神文化を示す重要な遺跡です。

本遺跡は、定住の発展期後半（紀元前3500年～紀元前2000年頃）の祭祀場である大規模な盛土を伴う拠点集落であり、沿岸地域における生業のあり方を示す重要な遺跡です。

おすすめ見学ポイント

見どころ① — 素晴らしい立地と景観

なんといっても目の前に広がる太平洋を望む眺望のすばらしさです。高台に立地しますので心地良い風が吹き抜けます。背後には山々が迫り、森の恵みにも恵まれていたと考えられます。

見どころ② — 深い深い竪穴

他に例を見ない深い竪穴建物が多数見つかっています。墓も深い特徴があります。深い理由については、防寒のためとも考えられますが、地区内の同時代の竪穴建物がすべて深いわけではありません。出入りの方法も含めて謎が多い遺跡です。

見どころ③ — 石皿ごろごろ

平らな面に敲いた痕や擦った痕の見られる石皿が大量に出土しています。一見自然の礫に見えますが、よく観察すると使用した痕跡が認められますので、道具であることは間違いありません。中には一人では持ち運びができないほどの重さのあるものもあります。何に使われたのかまだよくわかっていません。現地の展示室わきに積まれていますのでお見逃しなく。

盛土遺構

大型竪穴建物跡

重複している竪穴建物跡

函館市縄文文化交流センター

住　所	北海道函館市臼尻町551－1
電話番号	0138-25-2030
開館時間	４～10月…午前９時～午後５時 11～３月…午前９時～午後４時30分 ※併設されている道の駅「縄文ロマン南かやべ」は24時間利用可能
休館日	月曜日（祝日の場合は翌日） 毎月最終金曜日、年末年始（12／29～1／3）
入館料	大人300円、小学生～大学生150円
アクセス	・ＪＲ函館駅から車で約60分 ・函館空港から車で約40分 ・道央自動車道「大沼公園ＩＣ」から約60分
備　考	遺跡に隣接して「大船遺跡管理棟」があり、パネル、模型等で遺跡を紹介している

【提供：函館市教育委員会】

墓域と祭祀場を中心とした拠点集落

史跡《しせき》 御所野遺跡《ごしょのいせき》 Goshono Site

紀元前2500年～紀元前2000年（約4500～4000年前）

【所在地】岩手県一戸町岩舘

全景

【出展：JOMON ARCHIVES（一戸町教育委員会撮影）】

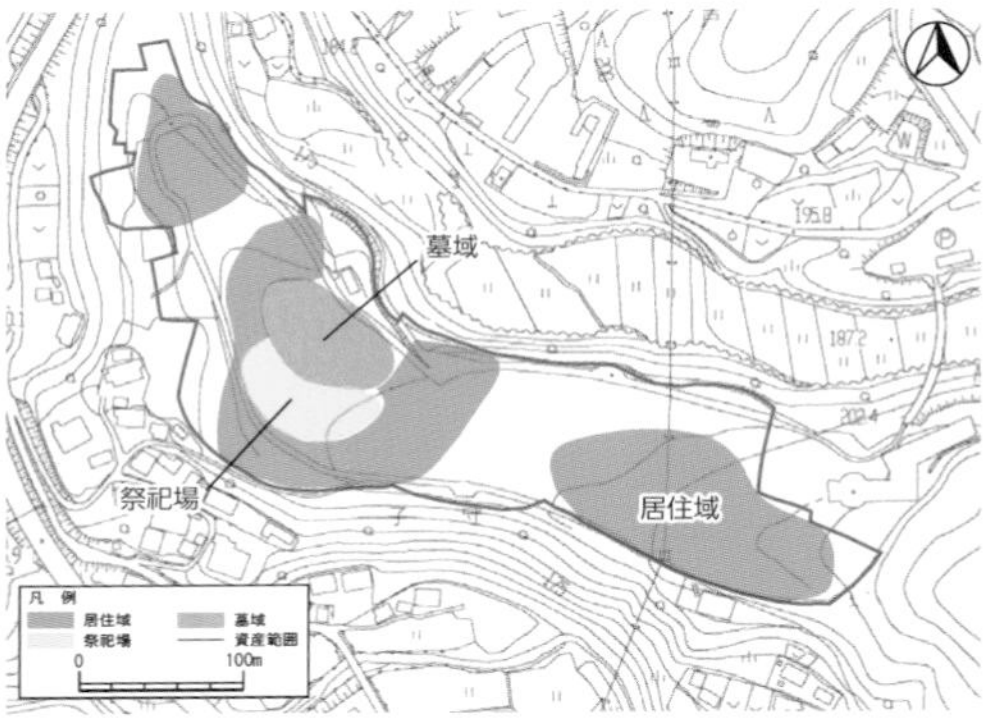

遺構概念図

範囲

概要

岩手県北部の一戸町に所在し、馬淵川東岸の標高190～210mの河岸段丘上に立地する拠点集落です。遺跡の後背地に森林が広がり、河川の水産資源及び森林資源にも恵まれた場所に立地しています。クリ、クルミ、トチなどの堅果類が数多く出土し、当時の森林環境も具体的に示しています。

集落は東西に長い台地の中央に墓域と祭祀場である盛土が形成され、その東西に大・中・小の竪穴建物や貯蔵穴からなる居住域が広がります。竪穴建物跡のなかには意図的に焼かれたものがあり、詳細な調査の結果、土で覆われた屋根構造だったことも明らかになっています。

墓域は、土坑墓と複数の石を組んだ配石遺構が環状に分布し、その外側に掘立柱建物が配置されます。祭祀場である盛土からは、大量の土器や石器とともに、焼けたシカ・イノシシなどの動物骨、クリ・トチノミなどの堅果類、土偶、土製品、石製品などの祭祀的な遺物が出土し、火を用いた祭祀が繰り返し行われ、高い精神性を示しています。

本遺跡は、定住の発展期後半（紀元前2500年～紀元前2000年頃）の配石遺構を伴う墓域と祭祀場である盛土遺構を伴う拠点集落であり、内陸の河川流域における生業のあり方をも示す重要な遺跡です。

おすすめ見学ポイント

見どころ① ― 集落景観

遺跡からは博物館以外に現代的な建物が見えないため縄文時代を彷彿とする景観を楽しむことができます。植物もクリやクルミ、ウルシなど縄文時代にもあった樹木があり、縄文の里山そのものと言えます。

見どころ②—土屋根建物

発掘調査では火災住居が数多く見つかっています。それらを分析したところ、土屋根であることがわかりました。ただし、縄文時代の竪穴建物がすべて土屋根であったかどうかはよくわかっていません。火災住居は意図的に焼いたものと考えられますが、その理由についてもよくわかっていません。

見どころ③—きききのつり橋

駐車場から遺跡や博物館がある丘陵へは谷にかけられたつり橋を通ってたどりつくことになります。景観に配慮した素晴らしいデザインとなっており、きききのつり橋の名がついています。

ちょい足しポイント

遺跡公園の中央にクリ林があります。秋になると拾いに来る人がたくさんいるそうです。

盛土

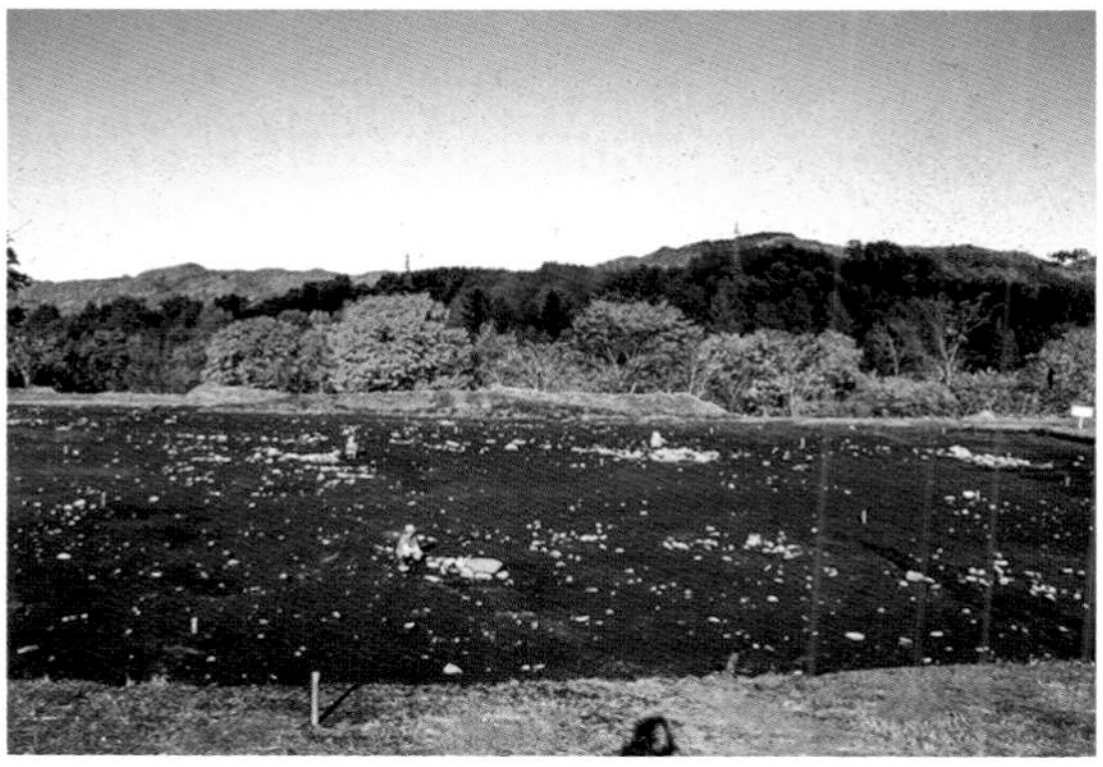

配石遺構

土坑墓群

竪穴建物跡

御所野縄文博物館

- **住　所**　岩手県二戸郡一戸町岩舘字御所野２
- **電話番号**　0195－32－2652
- **開館時間**　午前９時～午後５時（入館は午後４時30分まで）
- **休 館 日**　月曜日（祝・休日の場合は翌日）祝・休日の翌日（土日を除く）年末年始（12/29 ～ 1/3）
- **入 館 料**　大人300円、大学生200円
- **アクセス**　・東北自動車道八戸線「一戸ＩＣ」から国道４号線を盛岡方面へ車で約５分
　・ＪＲ東北新幹線「二戸駅」から車で約15分
　・ＩＧＲいわて銀河鉄道「一戸駅」から岩手県北バス御所野縄文公園線で約10分

展示室

きききのつり橋

【出展：JOMON ARCHIVES(一戸町教育委員会撮影)】

共同の祭祀場や墓地を支えた集落跡

史跡《しせき》 入江《いりえ》・高砂貝塚《たかさごかいづか》（入江貝塚） Irie Site

【所在地】北海道洞爺湖町入江

紀元前1800年頃（約3800年前）

全景

【出展：JOMON ARCHIVES（洞爺湖町教育委員会撮影）】

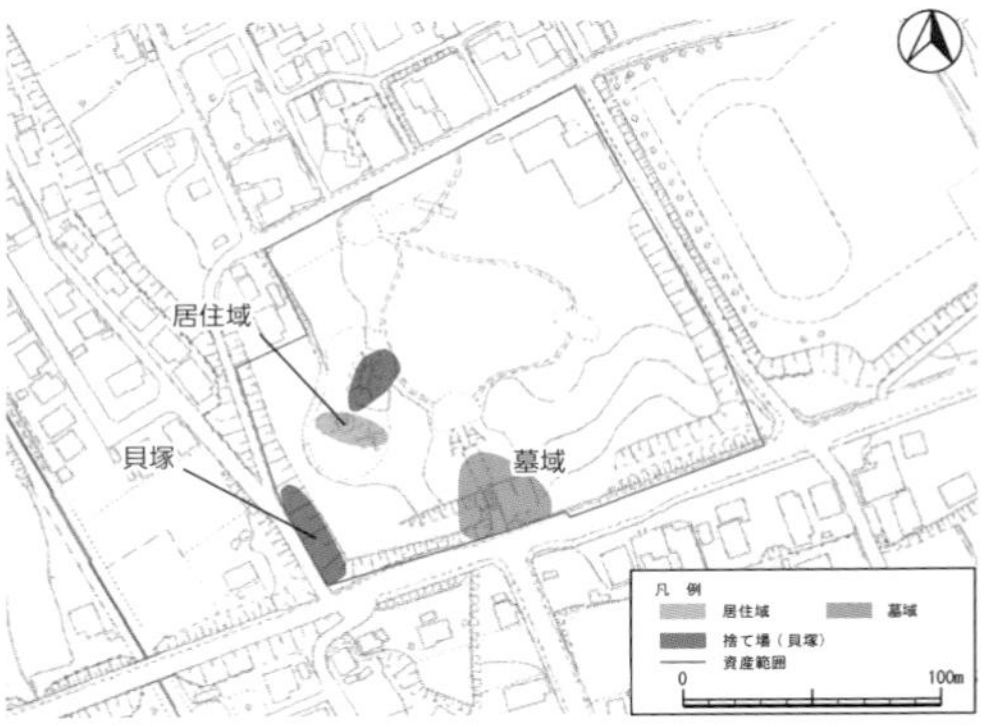

遺構概念図

範囲

概要

北海道南西部の洞爺湖町に所在し、内浦湾（噴火湾）を望む標高約20mの段丘上にある貝塚を伴う集落跡です。後背地に森林が広がる海岸近くの段丘上で、水産資源及び森林資源にも恵まれた場所に立地しています。

集落は竪穴建物による居住域、墓域、貝塚で構成されます。

段丘の縁辺や段丘崖の斜面に形成された貝塚からは、アサリやイガイなどの貝類、ニシン、ヒラメ、マグロなどの魚骨、イルカなどの海獣骨、動物の骨や角を加工した釣り針や銛などの骨角器が出土し、漁労や狩猟が活発に行われていたことを示しています。

墓域からは、ポリオ（小児麻痺）や筋ジストロフィーが原因と考えられる筋萎縮症に罹患したとみられる成人人骨が見つかっており、集落内で手厚い介護を受けながら生きながらえたことを伝えています。このほか、イノシシの牙を用いた装身具なども出土し、高い精神性を示しています。

定住成熟期前半の遺跡であり、集落規模は小型化し、その分布も拡散・分散する傾向にあります。周辺に墓を持つ集落遺跡がないことから周辺の小規模集落によって形成、維持・管理されたものと考えられます。

本遺跡は定住成熟期前半（紀元前1800年頃）の貝塚と周辺に所在する小規模集落によって支えられた墓地を伴う集落遺跡であり、水産資源を主とした沿岸地域における生業のあり方を示す重要な遺跡です。

おすすめ見学ポイント

見どころ① ― 貝層剥ぎ取り

貝塚の入り口部分には貝塚の断面の剥ぎ取りが展示されています。よく観察すると貝を多く含む地層や焼けた土・灰などを含む地層が幾層も重なって堆積したことがわかります。また、貝塚のある段丘の上から現在の噴火湾を望むと地形の違いがよくわかり、当時小高い丘のうえであったことがよく理解できます。

見どころ② ― 豊富な漁具

目の前に広がる噴火湾は現在も豊かな漁場として知られていますが、縄文時代の人々にとっても同じでした。釣る、突くなどの漁具や漁網の錘など活発な漁労活動が行われていたことがわかります。釣り針は様々な大きさや形状のものが出土していますので、魚の種類によって使いわけていたことがわかります。

見どころ③ ― 人骨

出土人骨の中には、四肢の発達が十分ではない女性が含まれていました。おそらくは寝たきりに近い状態であったと考えられていますが、成人に達するまで生存していました。自ら食料の調達は困難だったと思いますが、人々の手厚い介護によって生活ができたものと考えられます。

貝層断面

筋萎縮症に罹患した成人の人骨

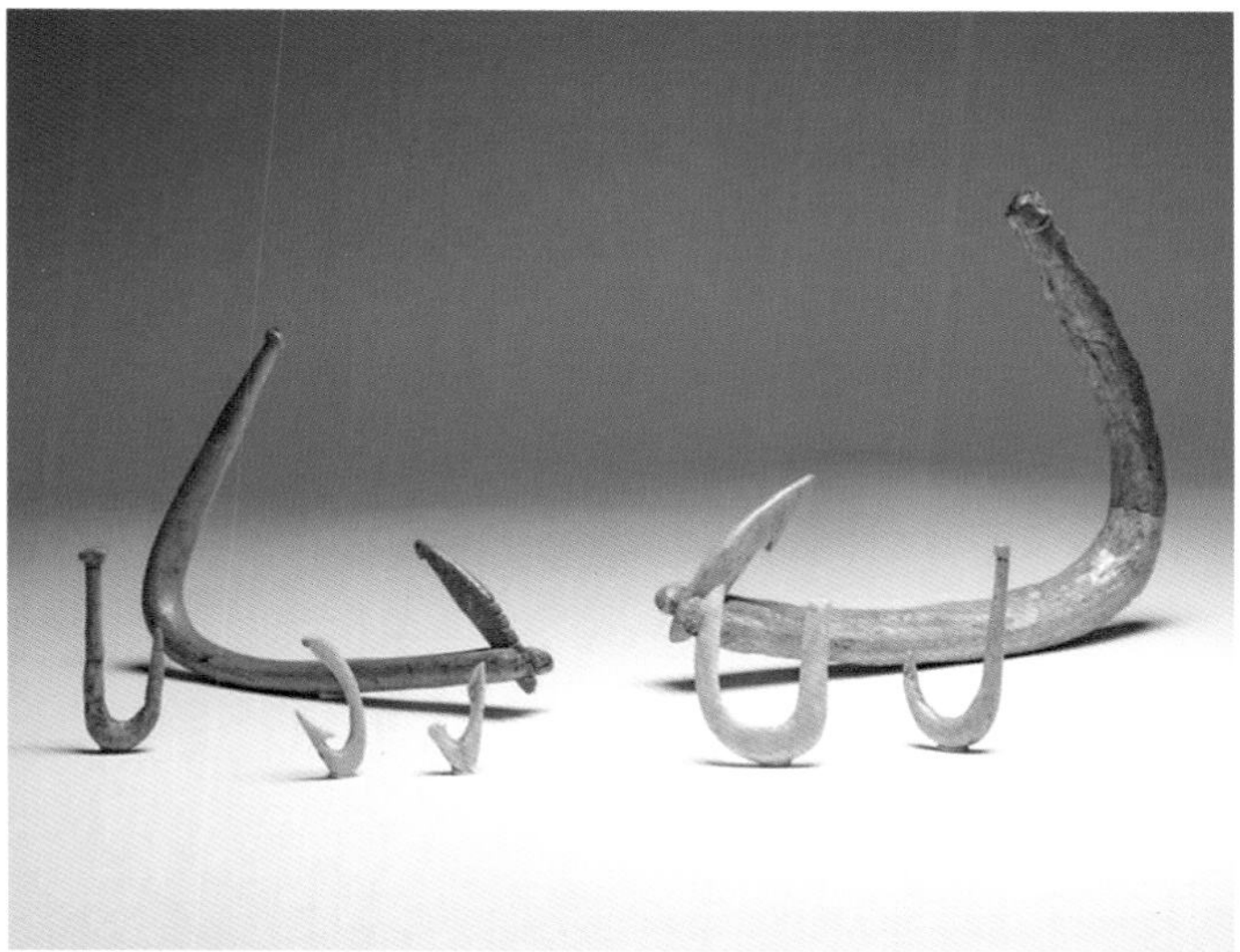

骨角器

入江・高砂貝塚館

住　所　北海道虻田郡洞爺湖町高砂町44－41
電話番号　0142－76－5802
開館時間　午前９時～午後５時
休 館 日　月曜日（祝・休日の場合は翌日）
冬期間（12月～３月）
入 館 料　大人150円、小学生～高校生100円
アクセス　・ＪＲ室蘭本線「洞爺駅」から、徒歩で約15分
・道央自動車道「虻田洞爺湖ＩＣ」から約10分
・道南バス「高砂ちびっこ広場」下車、徒歩５分

【出展：JOMON ARCHIVES（洞爺湖町教育委員会撮影）】

複雑な配石構造を持つ大規模な環状列石

史跡《しせき》 小牧野遺跡《こまきのいせき》

Komakino Stone Circle

【所在地】青森県青森市野沢

紀元前2000年頃（約4000年前）

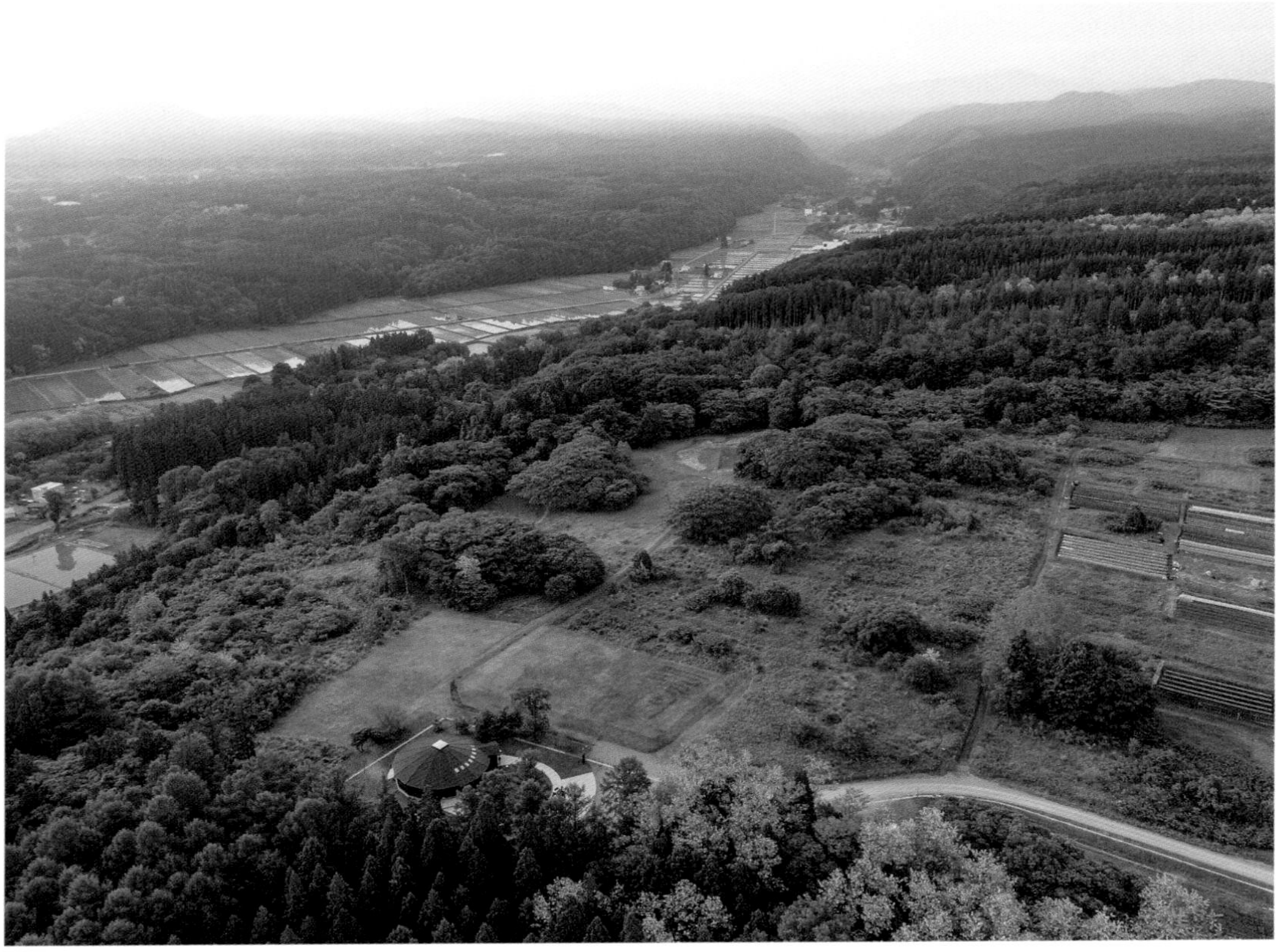

全景

【出展：JOMON ARCHIVES】

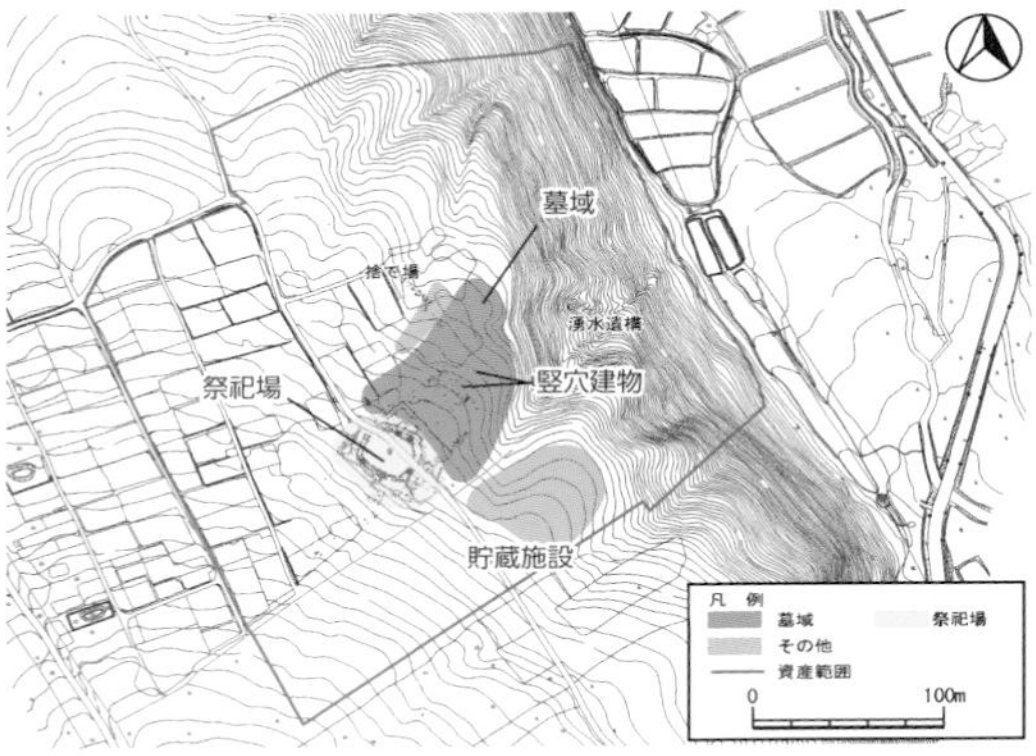

遺構概念図

範囲

概要

青森県中央部の青森市に所在し、二つの河川に挟まれた、南東部に八甲田山西麓が広がる標高80～160mの舌状台地上に立地する、環状列石を主体とする祭祀遺跡です。

環状列石は、中央帯が直径2・5m、内帯が直径29m、外帯が直径35mの三重となっているほか、その周りを囲むように直径4m前後の環状配石や一部四重となる列石などが配置され、全体で直径55mに上ります。環状列石の内帯や外帯は、平らな石を縦横に繰り返し、あたかも石垣を築くように並べられており独特の配列になっています。環状列石は共同墓地であるとともに祭祀・儀礼の空間でもあることから、高い精神性を示しています。

環状列石の構築に際しては、斜面の高い方の土を削り（切土）、その排土を斜面の低い方に盛土するなど、あらかじめ土地造成が行われています。環状列石のほか捨て場、湧水遺構、土坑墓群や土器棺墓なども発見されています。

また、環状列石や墓域や捨て場を中心に土器や石器のほか、土偶やミニチュア土器、動物形土製品、鐸形土製品、三角形岩版、円形岩版などの祭祀具が出土しています。特に三角形岩版は、400点以上もの出土が確認されており、環状列石など儀礼・祭祀が行われたと思われます。

本遺跡の周辺には環状列石が確認されていないため、複数の集落によって構築、維持・管理されたものと考えられています。

本遺跡は定住成熟期前半（紀元前2000年頃）の環状列石を主体とする祭祀遺跡であり、丘陵地域における生業と祭祀・儀礼のあり方を示す重要な遺跡です。

おすすめ見学ポイント

見どころ① ― 全景

環状列石は名前の通り、円形や環状に石や組石を並べたものですが、全体の形状を見ることは普通はできません。しかし、小牧野遺跡は環状列石の南東側に人工の丘が作られており、全体の形状をみることができ、やや角張った円形であることがわかりますし、規模も実感できます。

見どころ② ― 組石と馬頭観音

環状列石には約２９００個の礫が使われています。これらの礫は丘陵の下を流れる荒川（堤川）の河原から運び上げられたものと考えられています。最大のものは４００キログラムを超えていますので、大勢の人々が協力して運んだことがわかります。また、環状列石の石を利用して馬頭観音が祀られています。

見どころ③ ― 甕棺

内帯からは甕棺が見つかっていますので、環状列石が墓地の役目を果たしていたことがわかります。甕棺土器は埋葬専用の土器で一度埋葬し、遺体が朽ちた後に骨を取り出し、洗骨して土器に入れて再び埋葬したものと考えられています。線描きの模様と首のところに４カ所把手が着く特徴があります。

土坑墓

組石

環状列石（真上から）

【出展：JOMON ARCHIVES（青森市教育委員会撮影）】

青森市小牧野遺跡保護センター　縄文の学び舎・小牧野館

- **住　　所**　青森市大字野沢字沢部108－３
- **電話番号**　017－757－8665
- **開館時間**　午前９時～午後５時
- **休 館 日**　年末年始（12/29 ～ 1/3）
- **入 館 料**　無料
- **アクセス**
  - ・ＪＲ・青い森鉄道「青森駅」から車で約30分
  - ・ＪＲ東北新幹線・奥羽本線「新青森駅」から車で約30分
  - ・青森空港から車で約15分
  - ・青森自動車道「青森中央ＩＣ」から約20分
  - ・三内丸山遺跡から車で20分
  - ・バス停古川３番乗り場から約25分（青森市民バス）
- **備　　考**　遺跡は冬期閉鎖（11/16 ～ 4/30）

【提供：青森市教育委員会所蔵】

4つの環状列石が集中した祭祀遺跡

史跡《しせき》 伊勢堂岱遺跡《いせどうたいいせき》

Isedotai Stone Circles※

紀元前2000年～紀元前1700年（約4000～3700年前）

【所在地】秋田県北秋田市脇神

※「Circle」が複数形であることに留意。

全景

【出展：出展：JOMON ARCHIVES】

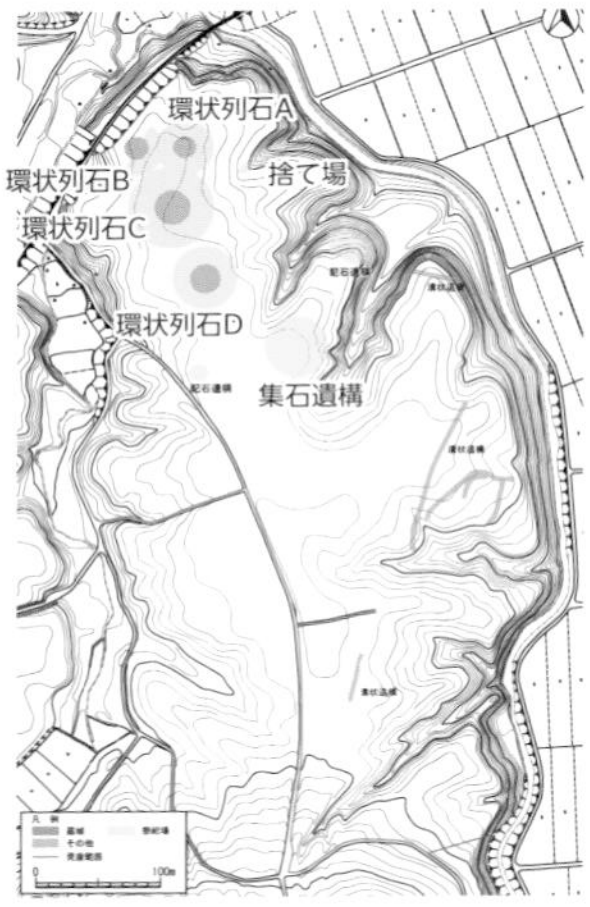

遺構概念図

範囲

概要

秋田県北部、北秋田市に所在し、米代川左岸の2つの河川に囲まれた標高42～45mの山地に接続する河岸段丘上に立地する環状列石を主体とする祭祀遺跡です。サケ・マスが捕獲できる河川近くで後背地に森林が広がる段丘上の場所に立地しています。

遠方の山並みが一望できる段丘北西端に4つの環状列石が隣接して配置され、最大のものは直径約45mに及びます。環状列石の下部には土坑墓がみられ、墓地と祭祀場を兼ね備えた空間と考えられています。

環状列石は4つ（環状列石A・B・C・D）発見されています。隣接して4つもの環状列石が確認されている例は、他にはなく、遠方の山並みが一望できるなど、眺望に恵まれていることも特徴です。4つの環状列石はそれぞれ形状が異なり、最大級の環状列石Cは直径約45m、三重のものです。もっとも小さいものは環状列石Bで弧状を呈しており、造営を途中で止めてしまったものです。

これらの環状列石は極めて見晴らしのよい北西端に集中しています。掘立柱建物跡や貯蔵穴等は環状列石の外周で同心円状に配置されています。その他に、環状列石から離れた地点から、直径約10m以下の配石遺構や、長さ100mを越える溝状遺構などを検出しています。

環状列石の周囲からは、土偶・動物形土製品・鐸形土製品・岩版類・三脚石器・石剣類など祭祀の道具も多量に出土しており、祭祀・儀礼が行われたことがわかります。

本遺跡は、定住成熟期前半（紀元前2000年～紀元前1700年頃）の4つの環状列石を主体とする祭祀遺跡であり、内陸地域における生業及び祭祀・儀礼のあり方を示す重要な遺跡で、周辺に近接した環状列石がないため、広範囲にわたる地域の複数の集落によって形成、維持管理された祭祀場と考えられます。

おすすめ見学ポイント

見どころ① ― ４つの環状列石

なんといっても同じ台地上に４つの環状列石があるのはこの遺跡だけです。４つあることについては、それぞれが別な集団のものや時期の違いなどいろいろな考え方があるようです。

見どころ② ― 道路と不思議な溝跡

環状列石Ａの北側に二本の溝跡が検出されています。現地でも表示がされていますので見流さないようにしてください。環状列石への通路あるいは石を運ぶための道路と考えられています。

見どころ③ ― ガイダンス施設

遺跡のある台地の下に出土品などを展示しているガイダンス施設があります。環状列石についてもわかりやすく、しかも詳しく説明されています。市内から出土した土偶の人気投票もすることができます。また、縄文関連グッズも充実しています。

４つの環状列石

環状列石の石の並べ方

環状列石に伴う建物跡

伊勢堂岱縄文館

住所	秋田県北秋田市脇神字小ヶ田中田100－１
電話番号	0186－84－8710
開館時間	午前９時～午後５時
休館日	月曜日（祝・休日の場合は翌日） 年末年始（12/29 ～ 1/3）
入館料	無料
アクセス	・秋田内陸縦貫鉄道「縄文小ヶ田駅」から徒歩５分 ・ＪＲ奥羽本線「鷹ノ巣駅」から車で15分 ・大館能代空港から車で５分 ・東北自動車道「十和田ＩＣ」から１時間、秋田自動車道「二ツ井白神ＩＣ」から25分
備考	・遺跡の公開は４月下旬頃～ 10月末まで ・縄文館休館時は遺跡の見学不可

【提供：北秋田市教育委員会】

規則的な構造を示す2つの環状列石

特別史跡《とくべつしせき》 大湯環状列石《おおゆかんじょうれっせき》

Oyu Stone Circles※

紀元前2000年～紀元前1500年（約4000～3500年前）

【所在地】秋田県鹿角市十和田

※「Circle」が複数形であることに留意。

全景

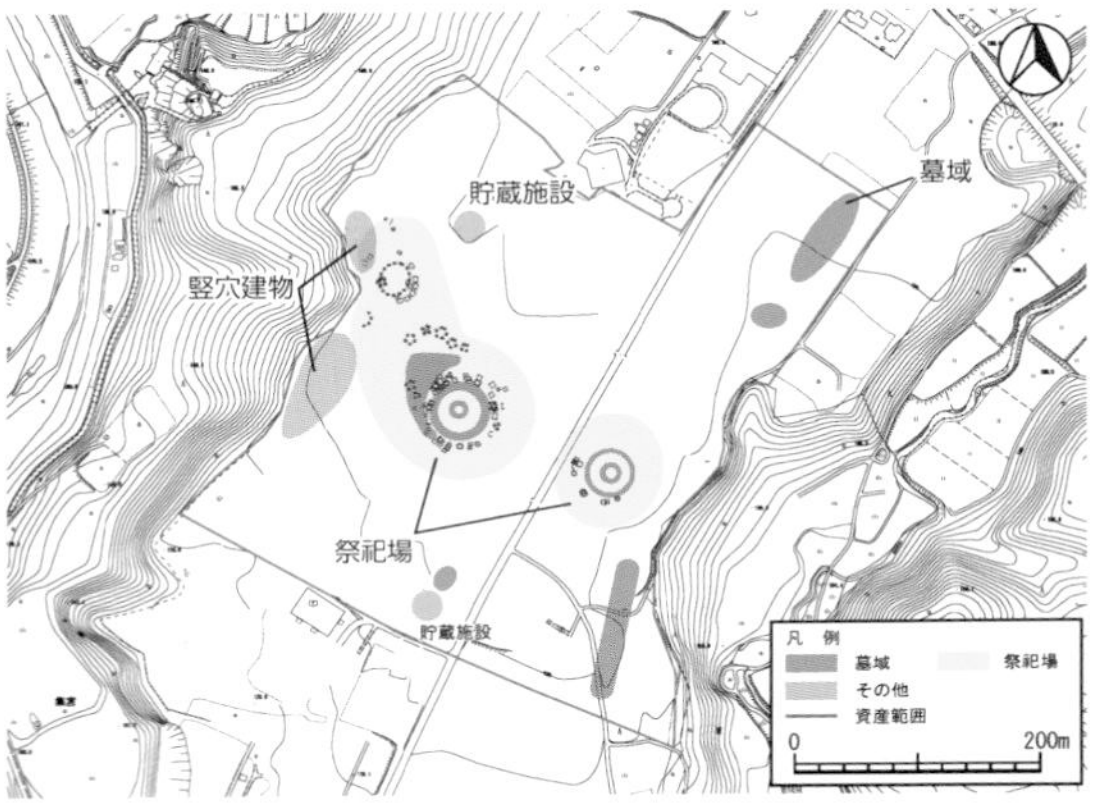

遺構概念図

範囲

概要

秋田県北東部、鹿角市に所在し、米代川の支流である大湯川左岸沿いに形成された標高180m程の台地上に立地し、遠くの山並みが眺望できる景観となっています。環状列石を主体とした遺跡です。

万座と野中堂の2つの環状列石があり、大小の川原石を組み合わせた配石遺構によって円環が形成されています。万座環状列石が最大径52m、野中堂環状列石が最大径44mです。それらの周囲には、掘立柱建物、貯蔵穴、土坑墓などが同心円状に配置され、土偶や土版、鐸形土製品、石棒、石刀などの祭祀遺物が数多く出土しています。

2つの環状列石は形状に類似点が多く、なかでも中心の石と「日時計状組石」を結んだ軸線が夏至の日没方向とほぼ一致するため、太陽の運行を意識して構築されたとする意見もあります。

本遺跡は定住成熟期前半（紀元前2000年～紀元前1500年頃）の環状列石を主体とする共同墓地であり、内陸地域における生業と祭祀・儀礼のあり方を示す重要な遺跡で、周辺に環状列石がないため、広範囲にわたる地域の複数の集落によって形成、維持管理された祭祀場と考えられています。

おすすめ見学ポイント

見どころ① ― 全景

環状列石は実物を公開しています。周辺の建物は祭祀儀礼の用途と考えられて復元されています。配石遺構の下には墓が作られています。万座には見学台があり、全体の形状をみることができます。

見どころ②ー二つの環状列石

環状列石は竪穴建物が見つかっているものの数が少なく、集落跡とは考えられていません。

見どころ③ー豊富な出土品

祭祀儀礼に関する出土品が多く見つかっています。中でも王冠状の把手が付いた土器は優品ぞろいです。また、人面を現した土版に点の模様で数を表現したと思われるものがあり、数を認識していたものと考えられています。

夏至の日没

配石下の土坑墓

日時計

土器

大湯ストーンサークル館

住　所	秋田県鹿角市十和田大湯字万座45
電話番号	0186－37－3822
開館時間	午前９時～午後６時（4/1 ～ 10/31） 午前９時～午後４時（11/1 ～ 3/31）
休 館 日	（４月～10月）休館なし （11月～３月）月曜日（祝･休日の場合は翌日以降の平日） 年末年始（12/29 ～ 1/3）
入 館 料	（展示ホール）大人320円、小学生～高校生110円
アクセス	・ＪＲ花輪線「鹿角花輪駅」から秋北バス寺坂・大湯線で「大湯環状列石前」下車 ・ＪＲ花輪線「鹿角花輪駅」から車で約25分 ・東北自動車道「十和田ＩＣ」から約15分
備　考	・遺跡の公開は４月中旬頃～11月中旬。冬期間閉鎖

【出展：JOMON ARCHIVES（鹿角市教育委員会撮影）】

高い土手で囲まれた共同墓地

史跡《しせき》 キウス周堤墓群《しゅうていぼぐん》

Kiusu Earthwork Burial Circles

紀元前1200年頃（約3200年前）

【所在地】北海道千歳市中央

※「Circle」が複数形であることに留意。

全景

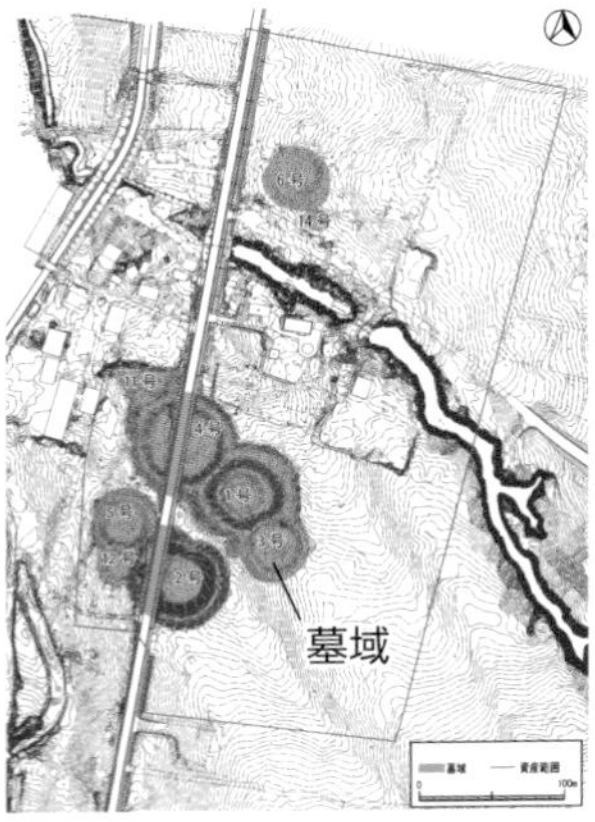

遺構概念図

範囲

概要

北海道中央部の千歳市に所在し、石狩低地帯の東縁の長沼低地に面する標高15～21ｍの緩やかな斜面に立地する、周堤墓と呼ばれる高い土手を伴う大規模な共同墓地です。サケ・マスが捕獲できる河川近くであり、後背地に森林が広がる場所です。

周堤墓は、円形の竪穴を掘り、掘った土を周囲に積み上げて構築され、その内側に複数の墓が配置されています。キウス周堤墓群では、９基の周堤墓が群集し、現在でもその形状を視認できます。最大のものは外径83ｍで、周堤上面から竪穴底面までの高低差が４・７ｍにも達します。

周堤墓の中には単独ではなく、複数が連結して一つのまとまりとなっているものがあり、道状の窪みを境として2群に分かれています。各周堤墓には出入口と考えられる周堤の切れ目があり、この開口部が道状の窪みに面していることから、参道のように定まった経路を通って周堤墓に出入りしていたことが推測されます。

竪穴内部の土坑墓にはベンガラがまかれるほか、墓標と思われる立石が埋設されたものや周囲に礫が配置されたものがあります。土器や石器、土偶が副葬、供献され、周堤外縁部の土坑墓では石棒が副葬されたものもあり多様な葬送儀礼のあり方を示しています。

本遺跡は、成熟期後半（紀元前1200年頃）の大規模な土手で囲まれた共同墓地で、内陸地域における生業と独特な構造の墓地を構築する高い精神性と社会の複雑化を示す重要な遺跡です。

おすすめ見学ポイント

見どころ① ― 高い土手と道痕

うっそうとした森の中にある高い土手は、異様に思えるほど巨大なものです。工事と呼べるほど多くの労働力によって時間をかけて構築されたものと推測できます。しかも道の痕跡もたどることができ、各周堤墓は道側の土手が途切れており、出入り口であったことがわかります。

見どころ② ― 配置

個々の墓は何らかの集団の墓と考えられますが、それが何であったのかはよくわかっていません。近くからは竪穴建物がほとんど見つかっていませんので、集落から離れた共同墓地といえましょう。

見どころ③ ― 出土品

出土品は遺跡からは少し離れていますが市の埋蔵文化財センターに展示されています。周堤墓の中に作られた土坑には墓標と思えるような立石を伴うものがあります。また、両端に彫刻された石棒が出土しており、完形での出土はきわめて珍しいと言えます。他にも市内から出土した貴重な出土品が展示されています。

出土品

周堤墓内の土坑墓

立石

土手の断面

千歳市埋蔵文化財センター

- **住　　所**　北海道千歳市長都42－1
- **電話番号**　0123－24－4210
- **開館時間**　午前9時～午後5時
- **休 館 日**　土、日曜日（第2日曜日は除く）
祝休日、年末年始（12/29 ～ 1/3）
- **入 館 料**　無料
- **アクセス**　・ＪＲ「千歳駅」から約８㎞、ＪＲ「長都（おさつ）駅」から約５㎞
・道東自動車道「千歳東ＩＣ」から約７㎞

【出展：JOMON ARCHIVE（千歳市教育委員会撮り）】

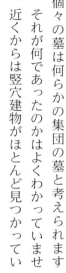

岩木山麓につくられた大規模な環状列石

史跡《しせき》 大森勝山遺跡《おおもりかつやまいせき》

Omori Katsuyama Stone Circle

【所在地】青森県弘前市大森

紀元前1000年頃（約3000年前）

全景

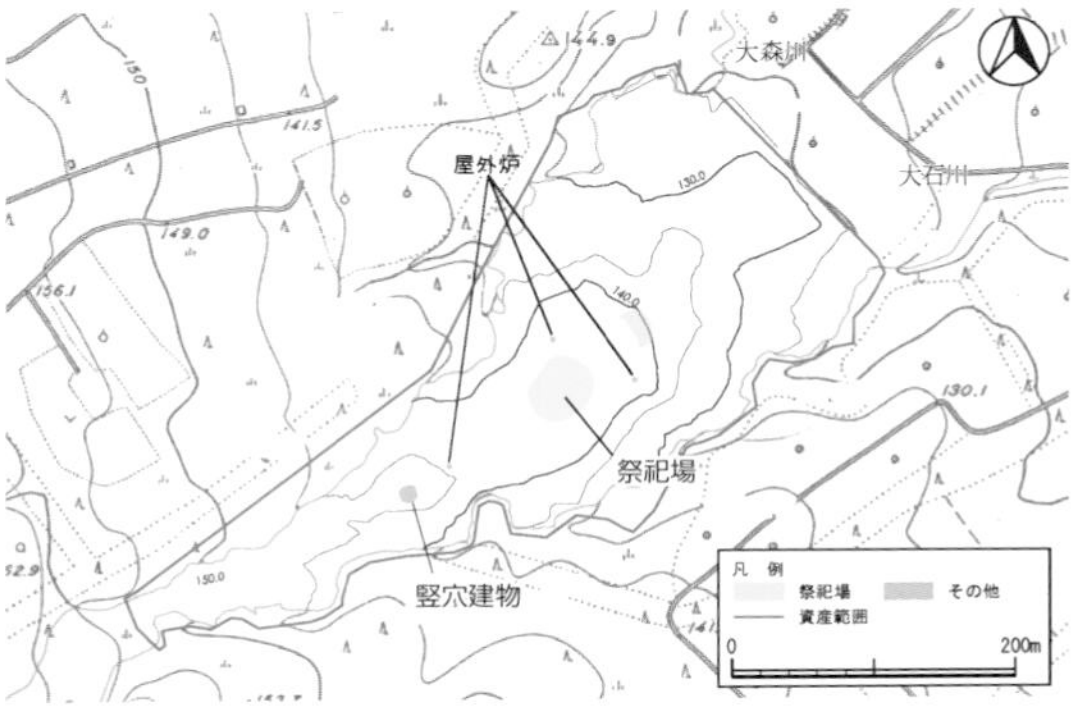

遺構概念図

範囲

概要

青森県西部の弘前市に所在し、標高143mから145mの舌状丘陵上に立地します。遺跡から北東側眼下に津軽平野を、南西側には単独峰の岩木山の全景を眺望できる場所で、環状列石を伴う祭祀遺跡です。

環状列石は、円丘状の盛土の縁辺部に77基の組石を配置し、長径48・5m、短径39・1mの楕円形に造られています。組石を構成する石には、主に南北両河川から供給された輝石安山岩が用いられています。台地上には環状列石のほか、岩木山と環状列石との軸線上にあたる台地南西端に大型竪穴建物跡1棟、環状列石周辺に土器埋設遺構、屋外炉、捨て場などが確認されています。明確な墓域が確認されないことから、墓域は別の場所に形成されたものと考えられます。

また、土器、石器、祭祀用である岩版・石剣なども出土し、中でも、環状列石及びその周辺から約250点出土した円盤状石製品は、使用方法は明確ではありませんが、環状列石と関連する何らかの祭祀・儀礼用と考えられる遺物であり、本構成資産を特徴づけるものです。

環状列石の後背には岩木山を望むことができ、冬至の日には山頂に太陽が沈みます。

本遺跡は、定住の成熟期後半（紀元前1000年頃）の環状列石を主体とする墓地であり、生業と高い精神性を示す重要な遺跡で、周辺に近接して環状列石がないため、広範囲にわたる地域の複数の集落によって形成、維持管理された祭祀場と考えられます。

おすすめ見学ポイント

見どころ① ― 景観

遺跡に立つと視野には建物や道路など現代的な構造物は一切見えませんので、縄文人が見ていた景観に最も近い状況にあると言えます。岩木山も当時と形状が大きく変化していないとされていますので、この場所を選んで環状列石を構築した強い動機が感じられます。

見どころ② ― 石の配列

組石が環状に配置されています。人工的な低平な盛土の裾部を巡るようになっています。個々の組石は複数の石が配置されたもので、それ自体何か装飾性が感じられるものではありません。また、組石の下からは墓は確認されておらず墓地というよりも祭祀儀礼の場所と考えられます。しかし、丘陵の西端からは大型竪穴建物が検出されており、用途が気になるところです。

見どころ③ ― 円盤状石製品

環状列石周辺からは石を円形に加工した石製品が多数出土しています。他の遺跡からの出土も知られてはいますが、これほどまとまって出土した例はなく、祭祀儀礼用の道具と考えられています。他に捨て場からは土偶や土器が多数出土しています。

配石遺構

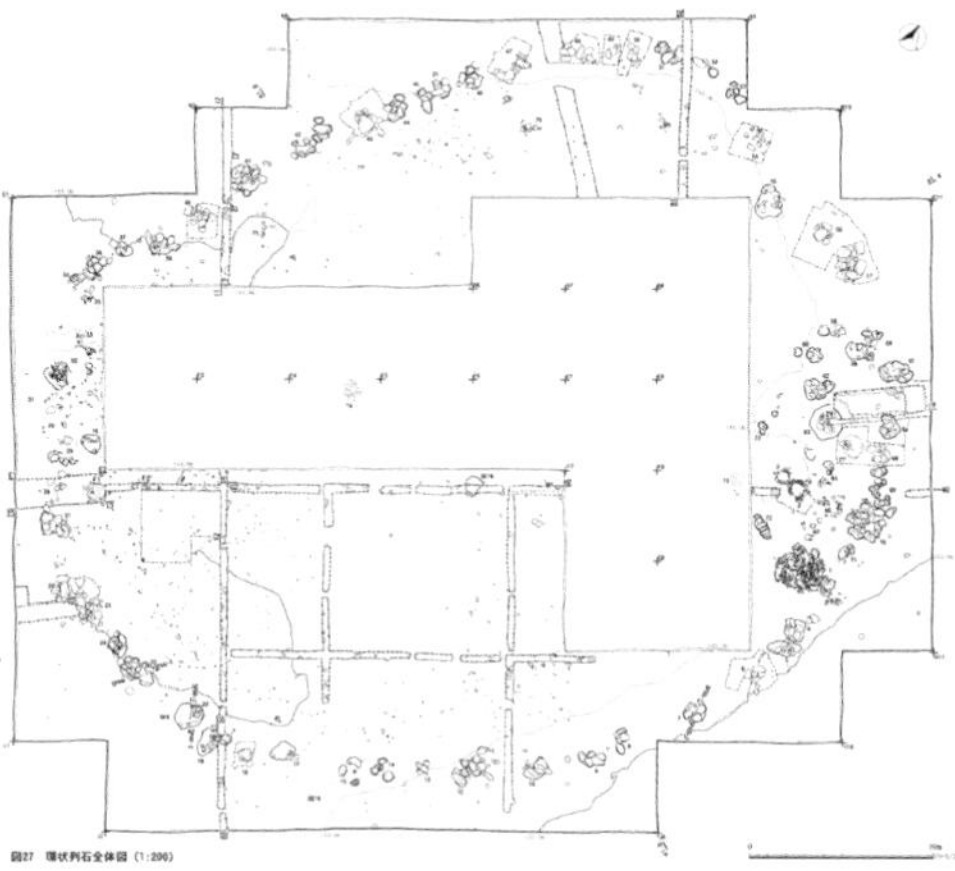
配置図

冬至の日没

大型竪穴建物跡

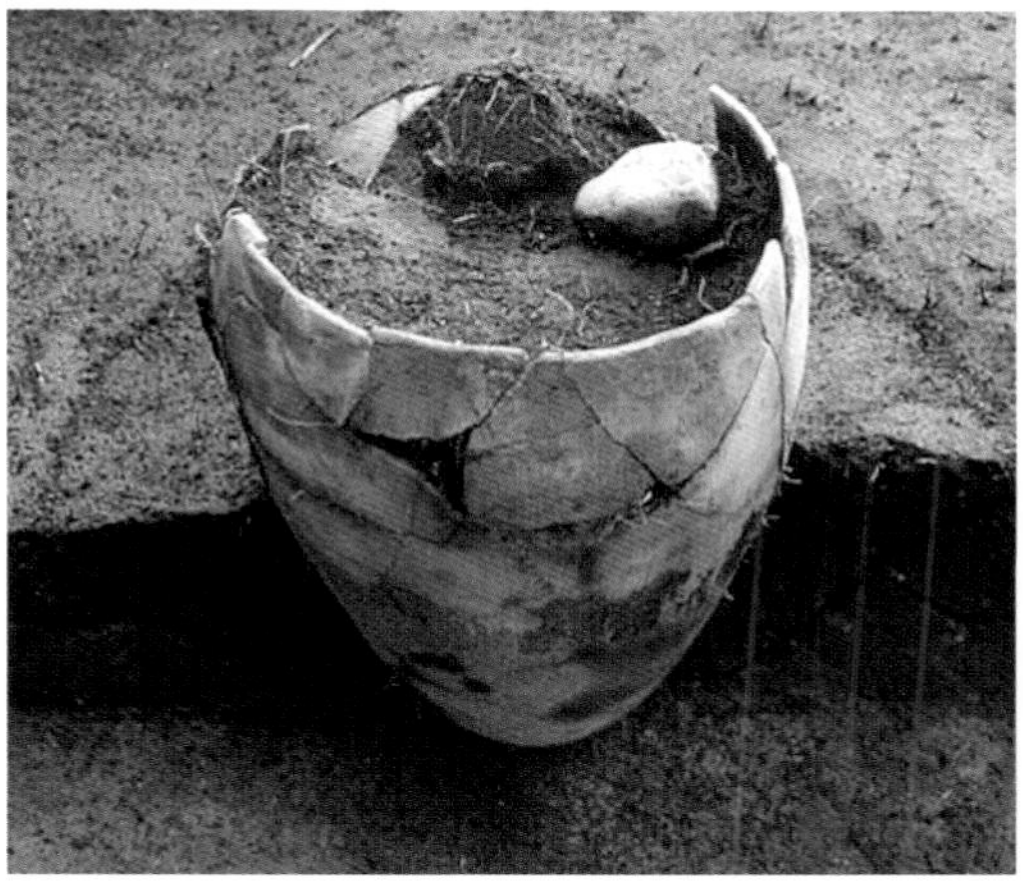
埋設土器

捨て場

裾野地区体育文化交流センター

- **住　　所**　青森県弘前市十面沢轡８－９
- **電話番号**　0172－99－7072
- **開館時間**　午前９時～午後９時
- **休 館 日**　月曜日（祝・休日の場合は翌日）
  年末年始（12/29 ～ 1/3）
- **入 館 料**　無料
- **アクセス**　・ＪＲ、青い森鉄道「青森駅」から車で約90分
  ・ＪＲ奥羽本線「弘前駅」から車で約45分
  ・弘前バスターミナル（弘前駅から徒歩で約５分）から弘南バス鯵ケ沢線「天長園行き（鬼沢経由）」で「裾野中学校前」下車、徒歩で約５分

【出展：JOMON ARCHIVES
（弘前市教育委員会撮影）】

内浦湾に面した共同墓地

史跡《しせき》 入江《いりえ》・高砂貝塚《たかさごかいづか》（高砂貝塚）

Takasago Burial Site

紀元前1000年頃（約3000年前）

【所在地】北海道洞爺湖町高砂町

全景

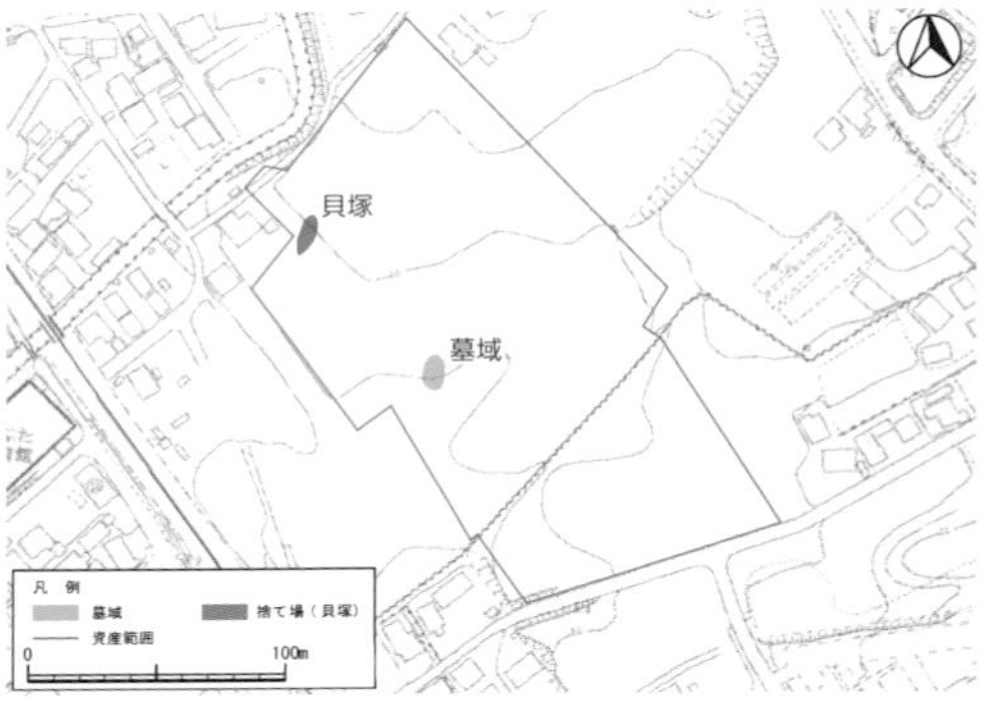

遺構概念図

範囲

概要

北海道南西部の洞爺湖町に所在し、内浦湾（噴火湾）を望む標高約10mの低地に立地する貝塚を伴う共同墓地です。本遺跡は、後背地に山塊が広がる海岸近くの場所に立地しています。

集落は低地の南西側縁辺部を中心として貝塚及び墓域が形成されています。墓域は、土坑墓と配石遺構で構成されています。

土坑墓は、土器や石器、石製品などの副葬品が認められており、すべての土坑墓にベンガラが散布されています。人骨については、抜歯の痕跡が認められる例や胎児骨を伴う妊産婦の墓もあり、配石遺構では、土偶や献供土器などが発見され、墓前祭祀が行われており、この地域における葬送と高い精神性を示しています。

竪穴建物などの居住施設が少ないことから、周辺集落とともに形成、維持・管理された墓地と考えられます。

一時的に寒冷化した当該期の貝塚は希少です。貝塚からはタマキビ、ホタテ、アサリなどの貝類、ニシン、カレイ、マグロなどの魚類のほか、鹿角製の銛頭など漁労具も多数出土しており、沿岸地域における漁労を中心とする生業と高い精神性を示す重要な遺跡です。

本遺跡は定住成熟期後半（紀元前１０００年頃）の貝塚を伴う共同墓地であり、沿岸地域における生業と高い精神性による祭祀・儀礼のあり方を示す重要な遺跡です。

おすすめ見学ポイント

見どころ① ― 貝塚

地点を変えて各時代の貝塚が形成されています。貝塚が確認された場所には地元名産のホタテ貝がまかれ、現代の貝塚が表示されています。貝塚の中に墓が形成されていることから、「送り」の可能性が指摘されていますが、詳しいことはわかってはいません。

見どころ② ― 墓

墓の近くに壺や台付土器などの完形の土器が置かれ、供献用の土器と考えられています。また、墓の中から土偶が出土し、非常に珍しい事例と言えます。

見どころ③ ― 出土品

美しい模様が施された亀ヶ岡式土器が多数出土しています。

貝層の確認状況

埋葬人骨

配石遺構

土偶

入江・高砂貝塚館

住　所	北海道虻田郡洞爺湖町高砂町44－41
電話番号	0142－76－5802
開館時間	午前９時～午後５時
休 館 日	月曜日（祝・休日の場合は翌日） 冬期間（12月～３月）
入 館 料	大人150円、小学生～高校生100円
アクセス	・ＪＲ室蘭本線「洞爺駅」から、徒歩で約15分 ・道央自動車道「虻田洞爺湖ＩＣ」から約10分 ・道南バス「高砂ちびっこ広場」下車、徒歩５分

【出展：JOMON ARCHIVES（洞爺湖町教育委員会撮影）】

芸術性豊かな土偶や多彩な副葬品が出土した共同墓地

【所在地】青森県つがる市木造

史跡《しせき》 亀ヶ岡石器時代遺跡《かめがおかせっきじだいいせき》

Kamegaoka Burial Site

紀元前1000年～紀元前400年（約3000～2400年前）

全景

【出展：JOMON ARCHIVES】

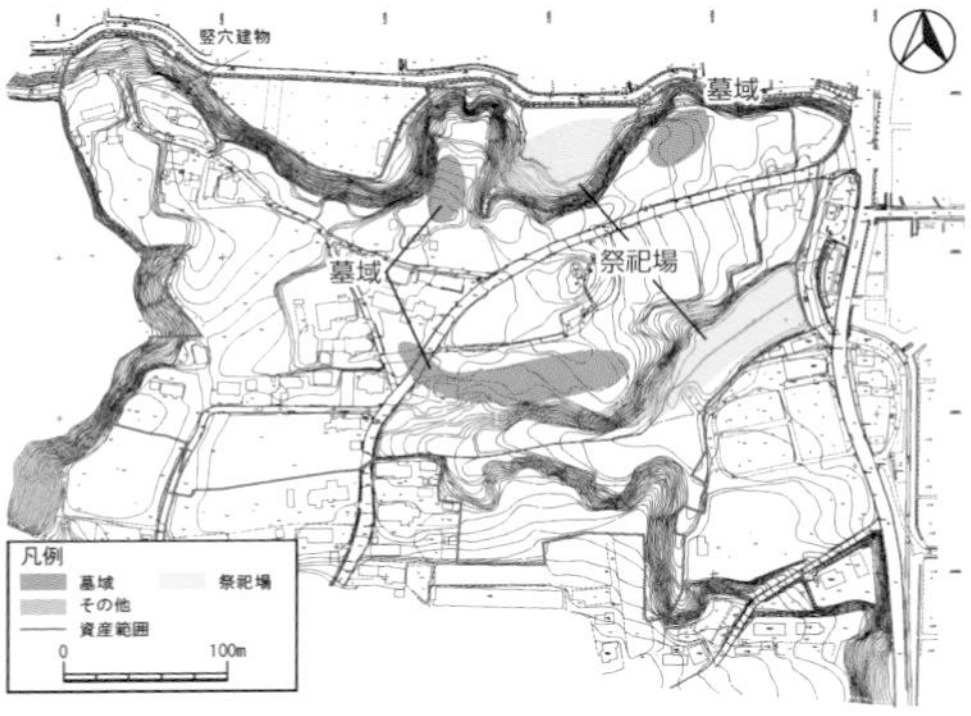

遺構概念図

範囲

概要

青森県津軽半島の西側のつがる市に所在し、岩木川左岸の標高7～18m程度の丘陵上に立地しています。海進期に形成された内湾である古十三湖に面した大規模な共同墓地です。

台地上には墓域が広がり、その周囲の低湿地には祭祀場としての捨て場が形成されています。土坑墓はロームマウンドや底部の溝を有し、土器等の供献品、玉などの副葬品が出土しています。捨て場からは、土器・石器のほか、漆塗り土器、籃胎漆器、植物製品、玉類などが多数出土しています。なかでも大型土偶（国指定重要文化財）は、その眼部の表現が「遮光器土偶」の名称の起こりとなったことで知られています。

墓の数に比べて竪穴建物の数が極端に少なく、土坑墓が多数群集していることから周辺の複数の集落によって構築、維持・管理された共同墓地と考えられています。

本遺跡は、定住成熟期後半（紀元前1000年～紀元前300年頃）の大規模な共同墓地であり、高度な精神文化を示すとともに内湾地域の汽水域における生業及び高い精神性による祭祀・儀礼のあり方を示す重要な遺跡です。

おすすめ見学ポイント

見どころ① ― シャコちゃん像

全国で最もよく知られている遮光器土偶であるシャコちゃんが出土した遺跡として有名ですが、その場所を示す巨大な石像が設置されています。したがって遺跡の場所を見逃すことはありません。ふるさと創生基金で作られました。JR木造駅には実物の土偶の50倍の大きさの土偶が駅舎全体に表現され、眼が光るようになっています。駅近くの建物は竪穴建物風ですし、公園も土偶をモチーフにしています。また、市内のマンホールの蓋にも土偶がデザインされているものがあります。

見どころ② ― 集団墓地

発掘調査が行われた各地点では土坑墓が密集した墓域が確認されています。居住用の竪穴建物の検出例がきわめて少ないことから、維持管理用の施設と考えられています。周辺集落の共同墓地の可能性が高いと考えられます。玉類の副葬品が多いことも特徴です。また、大きさからは成人未満の墓と考えられるものがあります。

見どころ③ ― 出土品

残念ながら有名な遮光器土偶は東京国立博物館に収蔵されているので地元ではみることができません。しかし多様な出土品は目を見張るものが多数あり見逃せません。

遮光器土偶

シャコちゃん像

土坑墓

つがる市木造亀ヶ岡考古資料室

- **住　所**　青森県つがる市木造館岡屏風山195（縄文館内）
- **電話番号**　0173－45－3450
- **開館時間**　午前９時～午後４時
- **休 館 日**　月曜日（祝・休日の場合は翌日）、祝・休日の翌日、年末年始（12/29 ～ 1/3）
- **入 館 料**　大人200円、高校・大学生100円　小・中学生50円
- **アクセス**
  - ・ＪＲ五能線「五所川原駅」から弘南バス小泊線で「舘岡」下車、徒歩15分
  - ・青森市、弘前市から車で約80分
  - ・津軽自動車道「五所川原北ＩＣ」から約30分
  - ・ＪＲ五能線「木造駅」から車で約25分

【出展：JOMON ARCHIVES（つがる市教育委員会撮影）】

竪穴建物・土坑墓・水場・捨て場などを伴う集落跡

史跡《しせき》 是川石器時代遺跡《これかわせっきじだいいせき》

Korekawa Site

紀元前1000年頃～紀元前400年頃（約3000～2400年前）

【所在地】青森県八戸市是川

【出展：JOMON ARCHIVES】

全景

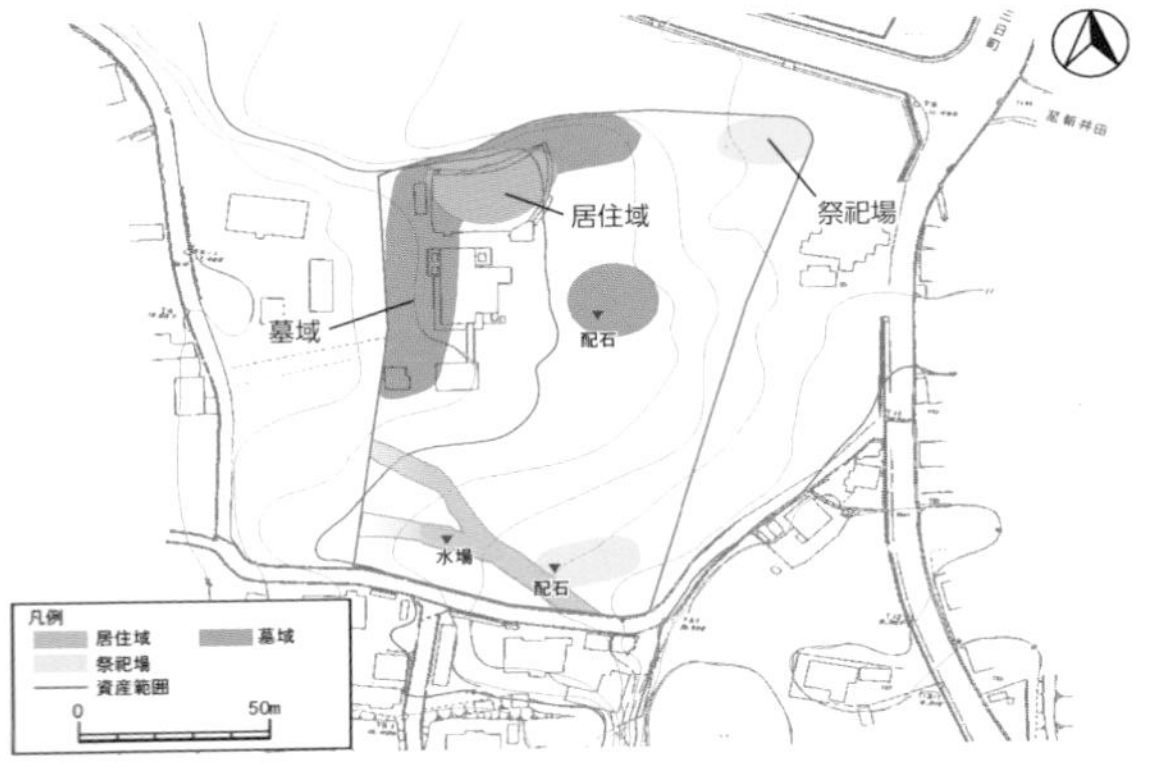

遺構概念図

範囲

概要

青森県東部の八戸市に所在し、サケ・マスが捕獲できる新井田川左岸の南北の沢に挟まれた標高10～44mの段丘上に立地し、中居、一王寺、堀田の3つの遺跡から構成されます。なかでも、中居遺跡は竪穴建物、墓、捨て場、水場など多様な施設を伴う集落です。低湿地の捨て場からは、精巧な土器や土偶をはじめ、漆が塗られた弓や櫛、腕輪、容器などの漆製品が多数出土し、高い精神性と優れた工芸技術を知ることができます。

また、弓やヤスなどの木製品、クルミやトチなどの堅果類、シカやイノシシなどの獣骨、スズキやマグロなどの魚骨のほか、貯木やトチのアク抜きを行ったと推定される水場も見つかり、当時の採集・漁労・狩猟による生業の内容を伝えています。

定住成熟期後半の遺跡であり、竪穴建物数に比べて墓の数が多く、墓域も広いことから複数の集落によって形成、維持・管理された共同墓地と考えられ、高い精神性を示しています。

本遺跡は、定住成熟期前半（紀元前1000年～紀元前300年頃）の多様な遺構を伴う共同墓地であり、さらに祭祀場と考えられる捨て場や水場、配石遺構などの多様な遺構も見つかっていることから河川流域における生業及び高い精神性による祭祀・儀礼のあり方を示す重要な遺跡です。

おすすめ見学ポイント

見どころ① ― 集落構造

亀ヶ岡文化の集落構造が判明している遺跡は少なく、是川遺跡は全体像の判明している貴重な遺跡です。墓と捨て場が分離しており、低地に形成された捨て場からは大量の遺物が出土しています。

見どころ②—出土品

遺跡に隣接する是川縄文館に出土品が展示されています。縄文時代の最後を飾るにふさわしい美しい模様の土器がたくさん出土していますが、なんといっても漆製品は質・量ともに他の遺跡を圧倒しています。樹皮を利用した容器などはきわめて珍しいといえます。土偶の出土も多く、いろいろな形態の土偶を楽しむことができます。へら状木製品は楽器の可能性があり、類似のものが琵琶湖周辺で出土しています。これらの出土品が散逸しなかったのは地元の泉山兄弟の功績といえます。

見どころ③—低湿地

沢や谷などの低地に捨て場が形成されており、本来であれば残りづらい有機質遺物が多数出土しているのも特徴です。これらから当時は周辺にクリ林が広がっていたことがわかりますし、近くを流れる新井田川で捕獲したと思われるサケの骨も出土しています。まさに情報の宝庫と言えます。

漆器

櫛

土坑墓

水場遺構

配石遺構

八戸市埋蔵文化財センター是川縄文館

住　　所	青森県八戸市大字是川字横山１
電話番号	0178－38－9511
開館時間	午前９時～午後５時（入館は午後４時30分まで）
休 館 日	月曜日（祝・振替休日の場合は開館） 祝・振替休日の翌日（土、日、祝日の場合は開館） 年末年始（12/27 ～ 1/4）
入 館 料	大人250円、高校・大学生150円、小・中学生50円
アクセス	・ＪＲ東北新幹線「八戸駅」から車で約15分 ・「東口バスターミナル４番」から南部バス（是川縄文館ゆき）で「是川縄文館」下車（土・日・祝日運行） ・八戸自動車道「八戸ＩＣ」から10分
備　　考	・カーナビゲーションで「是川縄文館」もしくは「八戸市縄文学習館」（分館）を検索。目的地付近の新しい建物が是川縄文館 ・市内各所の案内標識は「是川遺跡」「是川縄文の里」となっている

【出展：JOMON ARCHIVES（八戸市教育委員会所蔵）】

縄文海進期の貝塚を伴う集落跡

【関連資産】 史跡《しせき》 長七谷地貝塚《ちょうしちやちかいづか》

Choshichiyachi site

紀元前6000年頃（約8000年前）

【所在地】青森県八戸市桔梗野

全景

【出展：JOMON ARCHIVES（八戸市教育委員会撮影）】

貝層

調査時全景

概要

本州北端の青森県の太平洋側の八戸市に所在する、海進期に形成された古奥入瀬湾の沿岸に立地する貝塚を伴う集落遺跡です。

集落は竪穴建物が確認されていますが、詳しい調査は行われていません。

貝塚からは、温暖な環境に棲息するハマグリやオオノガイなど貝類のほか、スズキやクロダイなどの内湾性、カツオやマグロなどの外洋性の魚骨が出土しました。このほか、動物の骨や角でつくられた組合せ式の釣針や銛頭などの骨角器もみられ、内湾のみならず時として外洋にも出かけ、漁労が活発に行われていたことを示しています。

貝塚は、気候の温暖化により海水面が上昇し、海が内陸へ入り込んだ海進期の時期に形成されたものであり、人々が環境変動に適応しながら生活していたことを知る上で重要な遺跡です。

現在遺跡は落葉樹の樹木が繁茂し、縄文時代の景観を彷彿させますし、北側に広がる田園風景は縄文時代の入江をイメージできます。

土器は縄文が施文された尖底土器であり、まとまった資料が出土しています。

出土品は八戸市博物館に展示されており、貝層の模型や精巧な漁労具などが目を引きます。

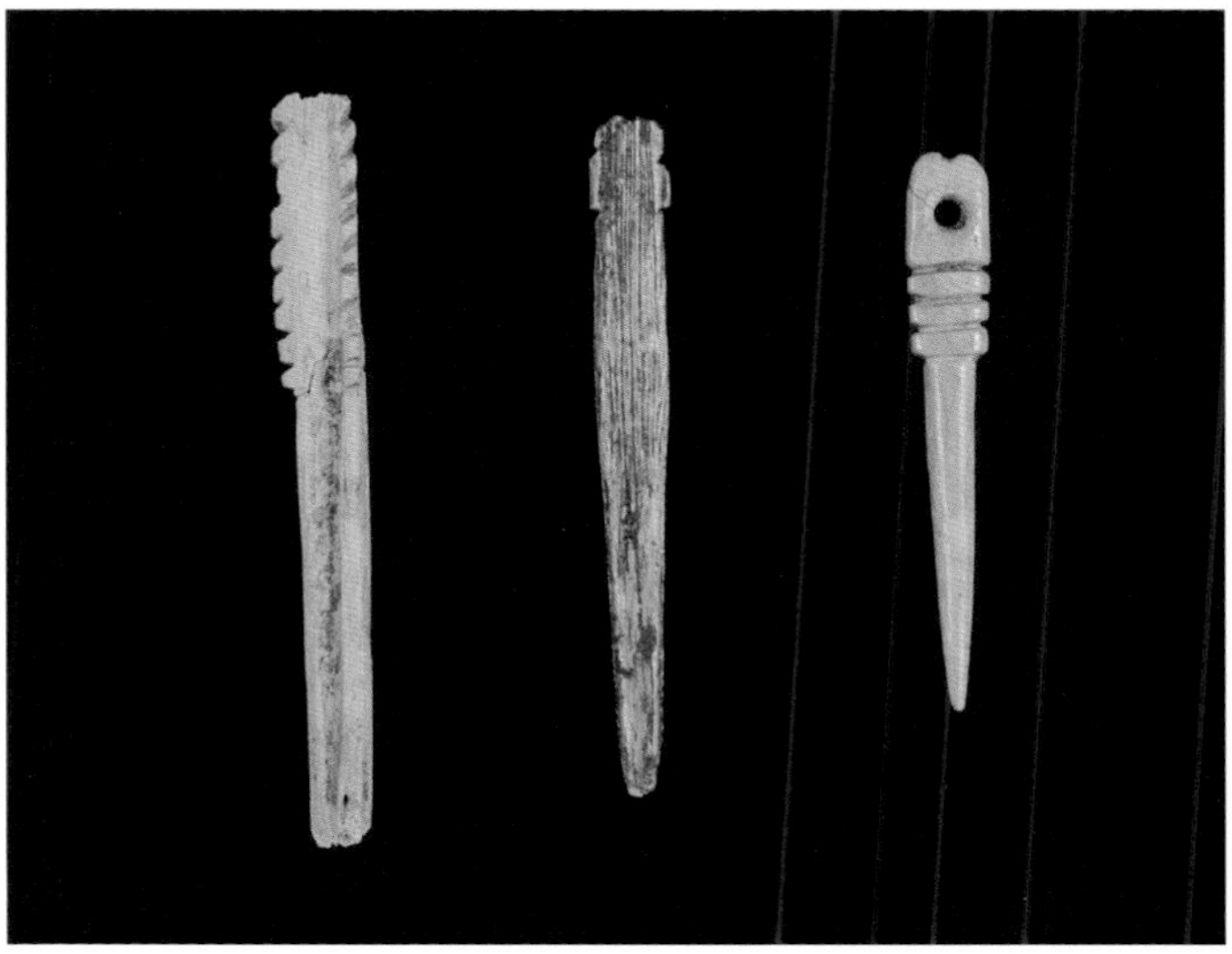

骨角製装身具

【出展：JOMON ARCHIVES
（八戸市教育委員会所蔵）】

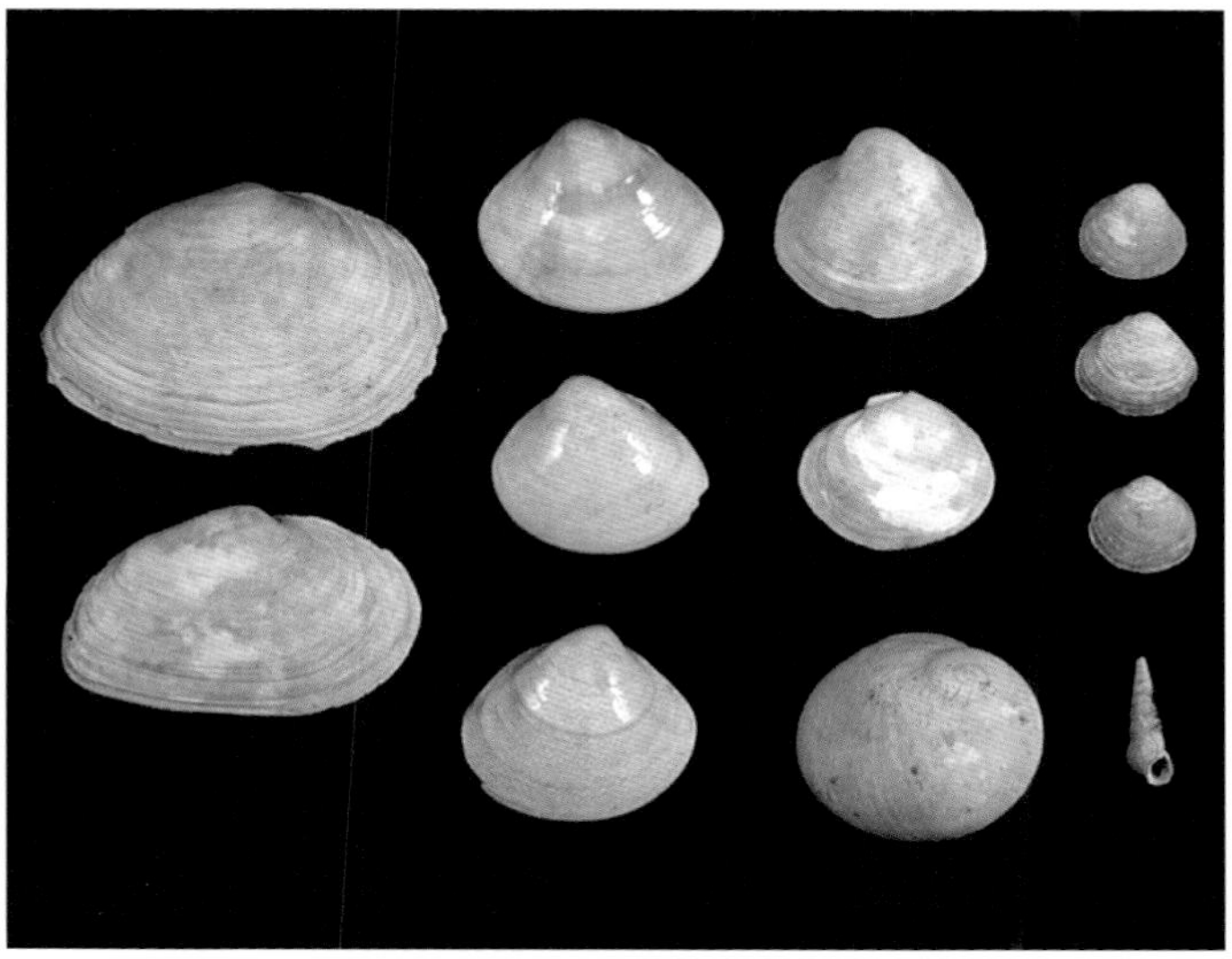

出土した貝

出土土器

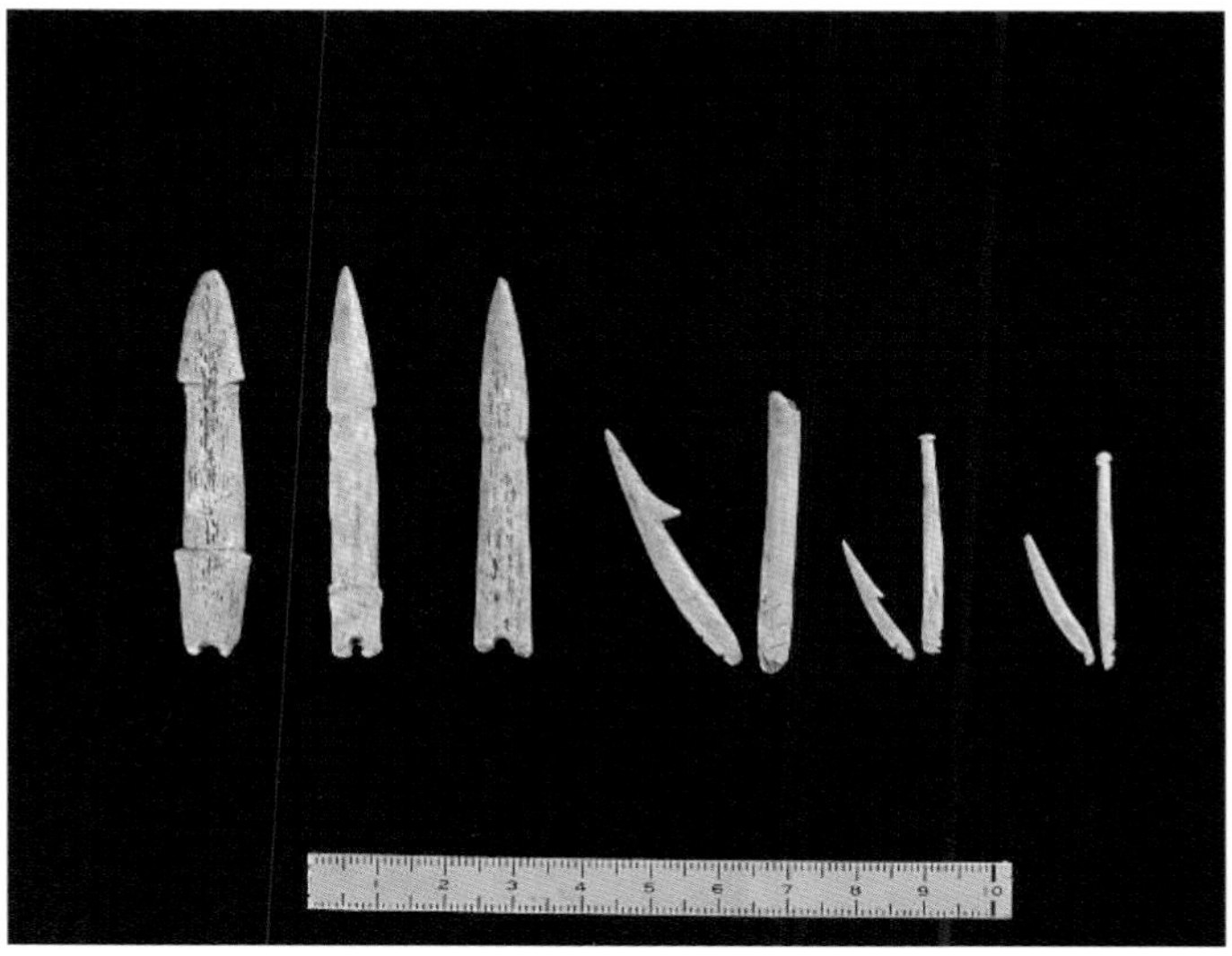

組み合わせ式釣り針と銛先

八戸市博物館

住　　所　青森県八戸市大字根城字東構35－1
電話番号　0178－44－8111
開館時間　午前９時～午後５時（入館は午後４時30分まで）
休 館 日　月曜日（ただし第１月曜日および祝日の時は開館）
祝日の翌日（土・日曜日の時は開館）
年末年始（12/27 ～ 1/4）
入 館 料　大人250円、高・大学生150円、小・中学生50円
アクセス
・ＪＲ東北新幹線「八戸駅」前バス停から乗車（市営・南部：田面木経由）「根城バス停」下車、徒歩約１分
・「六日町バス停」から乗車（市営・南部：司法センター経由）「根城バス停」下車、徒歩約１分
・八戸自動車道「八戸ＩＣ」から約５分

【提供：八戸市博物館】

北海道最大規模の環状列石

【所在地】北海道森町鷲ノ木町

【関連資産】史跡《しせき》 鷲ノ木遺跡《わしのきいせき》

Washinoki Stone Circle

紀元前2000年頃（約4000年前）

全景

環状列石

竪穴墓域

概要

北海道南部の森町に所在し、内浦湾沿岸から1㎞内陸の河岸段丘上にある北海道最大規模の環状列石を伴う祭祀遺跡です。

江戸時代に噴火した駒ヶ岳の火山灰に厚く覆われていたため、遺跡全体が良好な状態で保存されていました。高速道路建設に伴い発見され、重要な遺跡であることから工法を変更し、道路をトンネルで遺跡の地下を通すことによって保存されました。トンネルも遺跡への影響を考慮し、人力により掘削されました。

環状列石は、外周約37ｍ×約34ｍのほぼ円形であり、楕円形の配石遺構を中心に、その外側に円環状の配石が二重にめぐっています。環状列石の周辺には、7基の墓を伴う竪穴墓域、埋設土器、大小の石を組み合わせた配石遺構などがみられます。

環状列石が構築された台地からは駒ケ岳を望むことができ、自然に対する考え方や信仰がうかがえる遺跡です。周辺には竪穴建物などが確認されておらず、集落の存在が見当たらないことから、祭祀儀礼の施設であり、周辺の集落によって維持管理されたものと考えられます。

出土品は調査事務所の展示室で公開されています。中でも鐸型土製品はいかそっくりの形態をしており、いかめしで有名なご当地ならではのものと言えます。

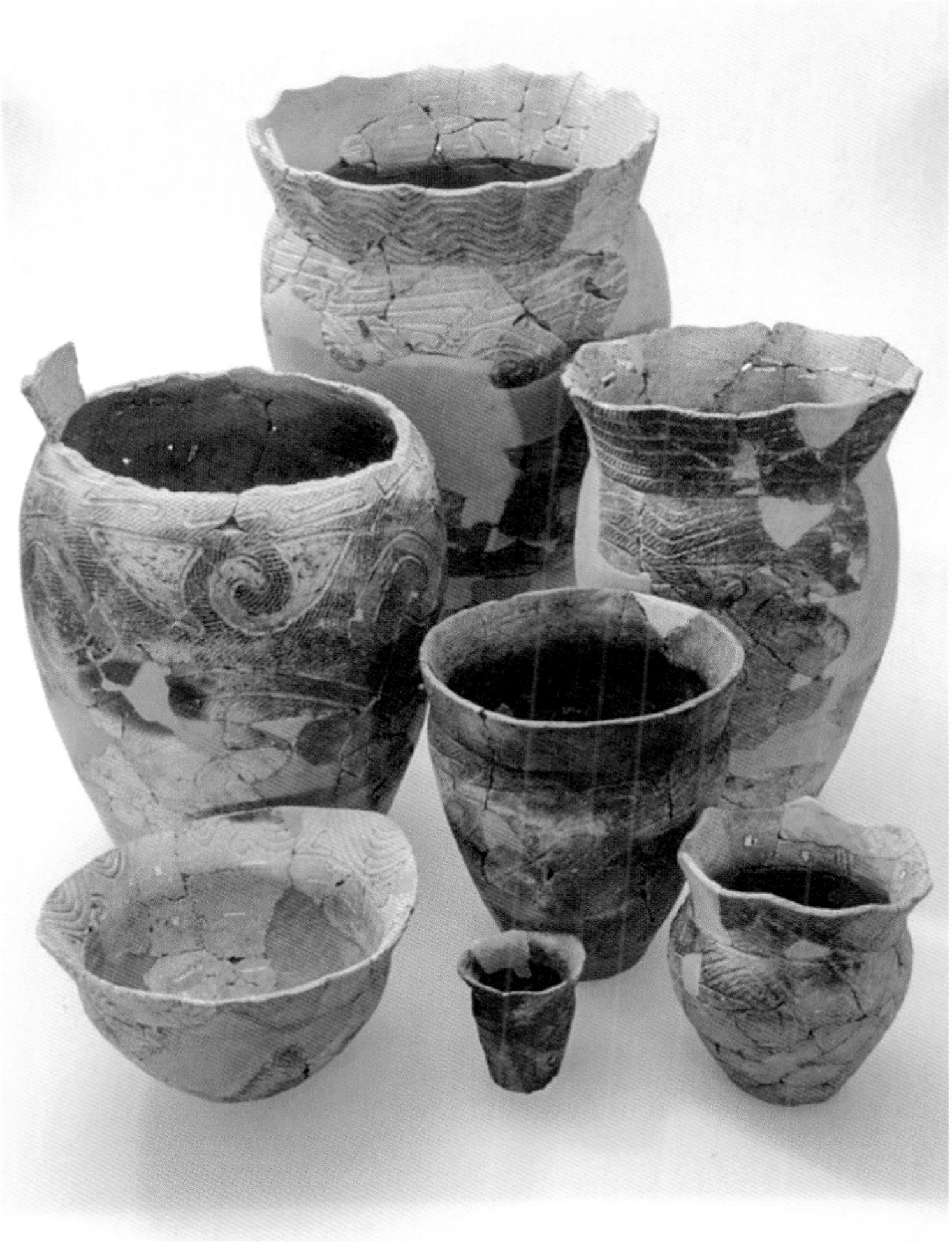

出土土器　【出展：JOMON ARCHIVES（森町教育委員会所蔵）】

埋設土器　【出展：JOMON ARCHIVES（森町教育委員会撮影）】

配石遺構　【出展：JOMON ARCHIVES（森町教育委員会撮影）】

森町遺跡発掘調査事務所

- **住　所**　北海道森町字森川町292－24
- **電話番号**　01374－3－2240
- **開館時間**　午前９時～午後４時
- **休館日**　土曜日、日曜日、祝・休日　年末年始（12/30 ～ 1/5）
- **入館料**　無料
- **アクセス**
  - ・ＪＲ函館本線「森駅」から徒歩約30分
  - ・ＪＲ函館本線「森駅」から車で約５分
  - ・道央自動車道「森ＩＣ」から約２分

【提供：森町教育委員会】

MAP

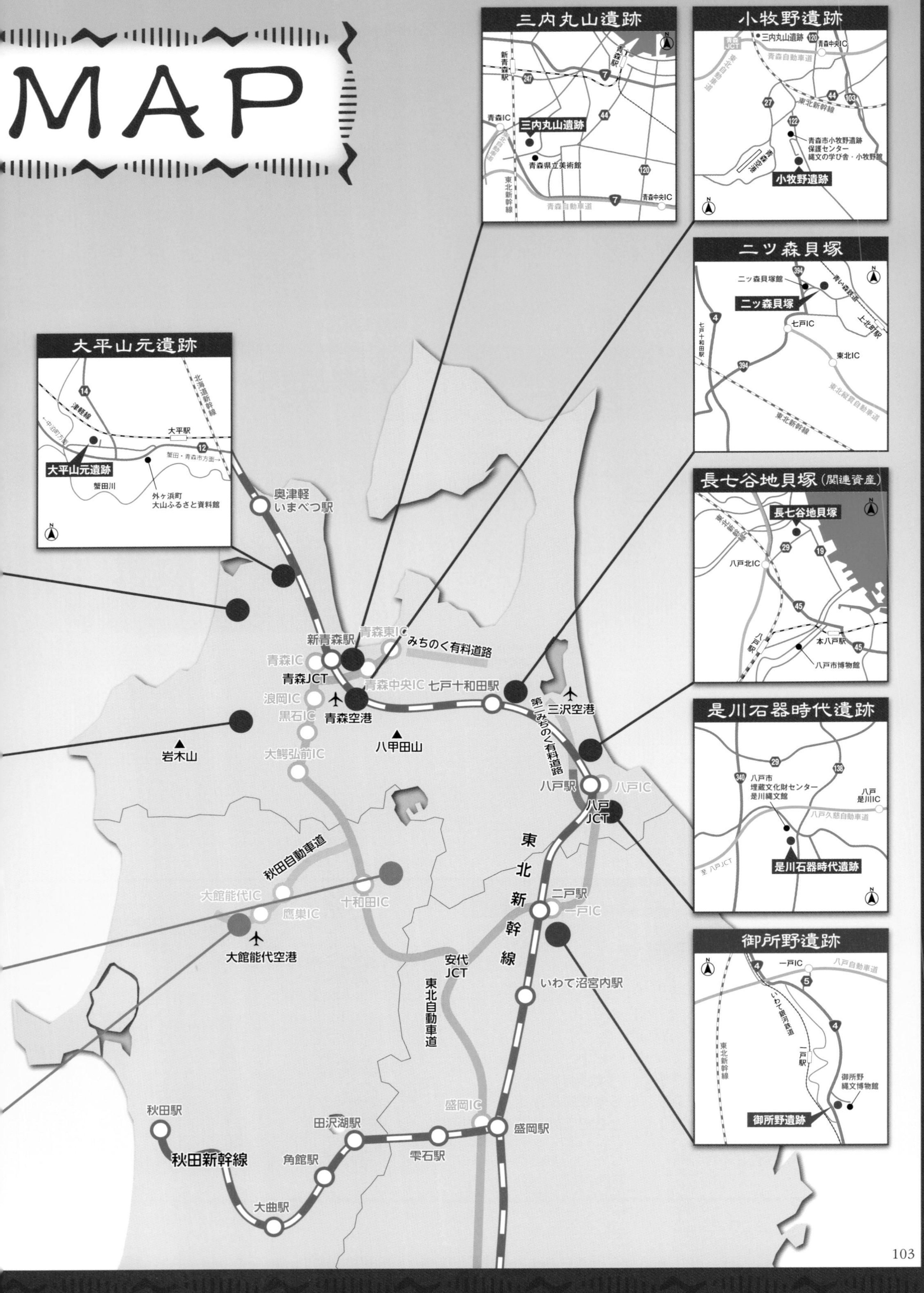

三内丸山遺跡
新青森駅
青森駅
青森IC
三内丸山遺跡
青森県立美術館
東北新幹線
青森自動車道
青森中央IC
小牧野遺跡
青森JCT
三内丸山遺跡
青森中央IC
青森自動車道
東北新幹線
青森市小牧野遺跡保護センター
縄文の学び舎・小牧野館
青森空港
小牧野遺跡
二ツ森貝塚
二ツ森貝塚館
青い森鉄道
二ツ森貝塚
七戸IC
上北町駅
七戸十和田駅
東北IC
東北縦貫自動車道
東北新幹線
長七谷地貝塚（関連資産）
長七谷地貝塚
八戸北IC
八戸駅
本八戸駅
八戸市博物館
是川石器時代遺跡
八戸市
埋蔵文化財センター
是川縄文館
八戸
是川IC
八戸久慈自動車道
至 八戸JCT
是川石器時代遺跡
御所野遺跡
一戸IC
八戸自動車道
いわて銀河鉄道
東北新幹線
一戸駅
御所野縄文博物館
御所野遺跡
大平山元遺跡
北海道新幹線
津軽線
大平駅
蟹田・青森市方面→
大平山元遺跡
蟹田川
外ヶ浜町
大山ふるさと資料館
奥津軽
いまべつ駅
新青森駅
青森東IC
みちのく有料道路
青森IC
青森JCT
青森中央IC
七戸十和田駅
浪岡IC
青森空港
三沢空港
黒石IC
第二みちのく有料道路
岩木山
八甲田山
大鰐弘前IC
八戸駅
八戸IC
八戸
JCT
東北新幹線
秋田自動車道
大館能代IC
鷹巣IC
十和田IC
二戸駅
一戸IC
大館能代空港
安代
JCT
いわて沼宮内駅
東北自動車道
盛岡IC
秋田駅
田沢湖駅
盛岡駅
雫石駅
秋田新幹線
角館駅
大曲駅

縄 jomon 文

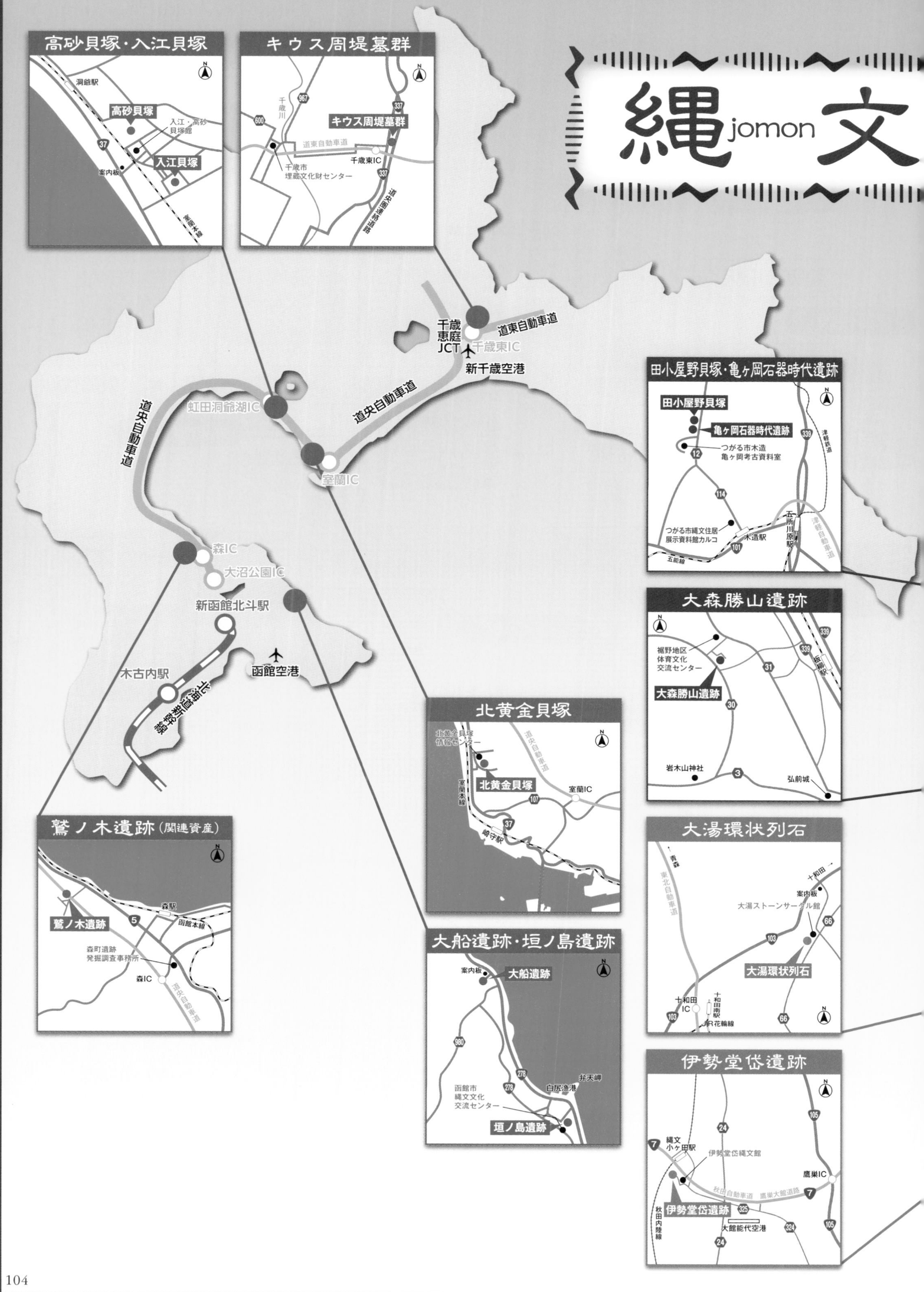

高砂貝塚・入江貝塚
洞爺駅
高砂貝塚
入江・高砂貝塚館
37
案内板
入江貝塚
室蘭本線
キウス周堤墓群
千歳川
967
600
キウス周堤墓群
337
道東自動車道
千歳市埋蔵文化財センター
千歳東IC
道央圏連絡道路
千歳恵庭JCT
千歳東IC
道東自動車道
新千歳空港
道央自動車道
虹田洞爺湖IC
道央自動車道
室蘭IC
森IC
大沼公園IC
新函館北斗駅
函館空港
木古内駅
北海道新幹線
田小屋野貝塚・亀ヶ岡石器時代遺跡
田小屋野貝塚
亀ヶ岡石器時代遺跡
つがる市木造亀ヶ岡考古資料室
12
339
津軽鉄道
114
五所川原駅
津軽自動車道
つがる市縄文住居展示資料館カルコ
木造駅
101
五能線
大森勝山遺跡
裾野地区体育文化交流センター
339
板柳駅
31
大森勝山遺跡
30
岩木山神社
3
弘前城
北黄金貝塚
北黄金貝塚情報センター
道央自動車道
室蘭本線
北黄金貝塚
室蘭IC
107
37
崎守駅
大湯環状列石
青森
東北自動車道
十和田
案内板
大湯ストーンサークル館
66
103
大湯環状列石
十和田IC
十和田南駅
JR花輪線
103
66
鷲ノ木遺跡（関連資産）
鷲ノ木遺跡
森駅
5
函館本線
森町遺跡発掘調査事務所
森IC
道央自動車道
大船遺跡・垣ノ島遺跡
案内板
大船遺跡
980
278
弁天岬
白尻漁港
函館市縄文文化交流センター
垣ノ島遺跡
伊勢堂岱遺跡
105
24
7
縄文小ヶ田駅
伊勢堂岱縄文館
鷹巣IC
秋田自動車道
鷹巣大館道路
7
伊勢堂岱遺跡
325
秋田内陸線
大館能代空港
324
105
24

路線図

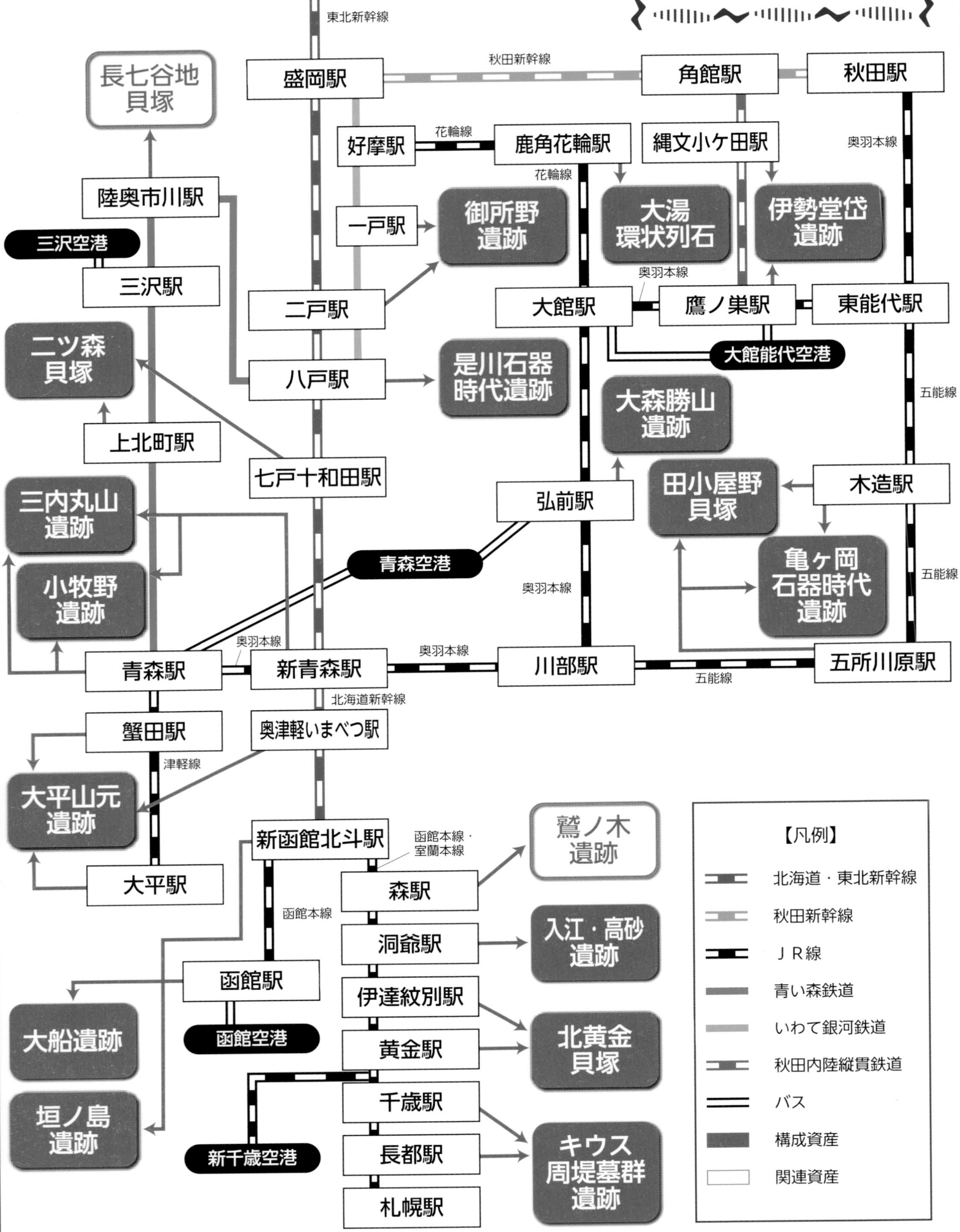

最寄りの駅及び空港等から各遺跡へのアクセスについては各遺跡紹介ページをご覧ください。